そうだったんだ！日本語

日本語の観察者たち

宣教師からお雇い外国人まで

そうだったんだ！日本語

日本語の観察者たち

宣教師からお雇い外国人まで

山東 功

岩波書店

編者
井上　優
金水　敏
窪薗晴夫
渋谷勝己

装丁＝後藤葉子
カバー＝ケンペル「日本王国」
（放送大学附属図書館蔵）

はじめに 「悪口の少ない日本語」？——日本語への視点の意味

江戸時代、国学の大成者である本居宣長は『漢字三音考』の中で、日本語の美しさを次のように説いた。

殊ニ人ノ声音言語ノ正シク美キコト。亦夐《はるか》ニ万国ニ優テ。其音清朗トキヨクアザヤカニシテ。譬ヘバイトヨク晴タル天ヲ日中ニ仰ギ瞻《み》ルガ如ク。イサ、カモ曇リナク。又単直ニシテ迂曲《まが》レル事無クシテ。真ニ天地ノ間《ノ》ノ純粋正雅ノ音也。

（『本居宣長全集　第五巻』三八一～三八二頁）

この美しさの淵源は、日本が「尊ク万国ニ上タル御国」であるためで、それは方位も「万国ノ初」にあり、あたかも「人身ノ元首」の如く存在しているからであるという。日本語の美しさは、美しい国に由来するのだという主張だが、これを他言語と比較すると、いきなり内容が過激なものとなる。この美しい日本語の仕組みは極めて精妙で「外国ノ言語ノ能及《よ》ブ所ニ非ズ。凡ソ天地ノ間ニ。カクバカリ言語ノ精微ナル国ハアラジトゾ思ハル、」（同、一一八三頁）と、いかにも誇らしげに宣言するのである。

平田篤胤の外国語観

こうした過激さを上手に継承したのが、復古神道を唱えた平田篤胤である。篤胤は講本『伊吹於呂志』の中で宣長の主張を引きながら、専ら漢語を尊ぶ儒者たちを、次のように批判した。

> さてまた世の生儒者等、此美しき皇国語をば用はず、とかく戎語で、物云ひたがる事ぢやか、是も先師本居先生の、漢字三音考と云ふ書を著はして、夫に具《つぶさ》に論置《いひおか》れましたが、実に鳥獣の音韻に同じことで御座る。
> （『新修平田篤胤全集 第十五巻』一二〇頁）

中でも、中国語は「実に鳥獣の音韻に同じことで御座る」と述べている下りは、聞きなれない外国語を聞いた時の感覚を、ある意味で巧みに利用したものといえる。ただし、篤胤の場合はさらに話を大きくして、「下々の唐人どもに至つては、入りくんだ事でも談ずるときは、実に騒々しくて、彼ぴイんぴイん、ぱアんぱアんを喧ましく云」うものだから、古より枕詞の「さひづるや」が「から（唐）」に掛かるというのももっともなことだとして、まるで鵙《もず》や剖葦《よしきり》がさえずるようなものだと揶揄《やゆ》している。そもそも、外国語の音が禽獣の声に似ているというのは、宣長が『漢字三音考』の中で清濁の音について「是レ鳥獣万物ノ声ニ近キ者ニシテ、皆不正ノ音也」と指摘したことに拠っており、その意味では国学者にとっては馴染みのある見方となっていた。

ところで、篤胤の外国語に対する揶揄は、遠くオランダ語にまで及んでいる。

またオランダなどの言語は、とかく、舌と顋《あきと》に触て出る音が多くて、譬へば、其云ひざまが、ウエッ、フエ、ルェ、とか、リチゥ、リユ、と云たやうに、をかしく、くもり曲つて、穢《きたな》らしい。其外の万国も、みな是に準へて知るが宜で御座る。

（同、一二一頁）

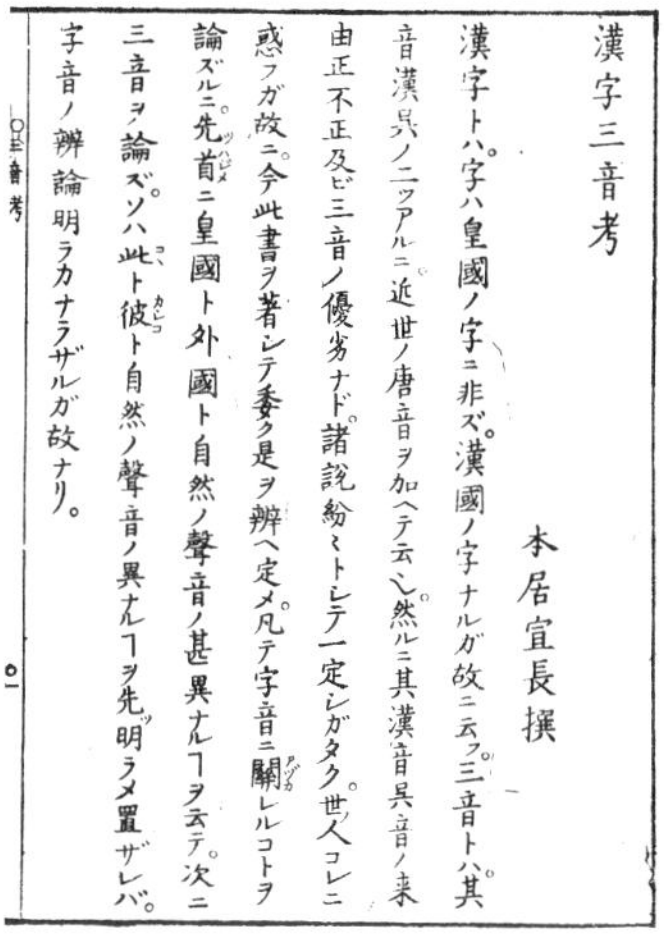

漢字三音考

本居宣長撰

漢字トハ。字ハ皇國ノ字ニ非ズ。漢國ノ字ナルガ故ニ云フ。三音トハ。其音漢呉ノ二ツアルニ。近世ノ唐音ヲ加ヘテ云フ。然ルニ其漢音呉音ノ来由正不正及ビ三音ノ優劣ナド。諸説紛々トシテ一定シガタク。世ノ人コレニ惑フガ故ニ。今此書ヲ著シテ委ク是ヲ辨ヘ定メ。凡テ字音ニ關《アヅカ》レルコトヲ論ズルニ。先ツ首《ハジメ》ニ皇國ト外國ト自然ノ聲音ノ甚異ナルヿヲ云テ。次ニ三音ヲ論ズ。ソハ此《コヽ》ト彼《カシコ》ト自然ノ聲音ノ異ナルヿヲ先ツ明ラメ置ザレバ。字音ノ辨論明ラカナラザルガ故ナリ。

本居宣長『漢字三音考』

「フェ」や「ナチゥ」といった、もともと日本語にはないオランダ語特有の音を聞きだしている点で、逆に篤胤の関心の高さが強く感じられるが、外国語をある種の感情で聞きわけるというのは、今日でも多くみられることである。フランス語やイタリア語に対する語感などは、お約束ともいえるほどステレオタイプ化されている（「愛を語る言葉」や「歌を歌う言葉」）。そうした見方を、ジョークや小話の段階でとどめておくとすれば、一時しのぎの話題としてはそれなりに楽しいものだろう。

しかしながら、一たびそこへ、文化論的な解釈が加わったり、専門的な学知の装いをもって指摘されていくようになると、話はそう簡単なものではなくなってくる。篤胤の講説はさておき、宣長の主張は『漢字三音考』という漢字音に関する精緻な研究書の中で展開されたものである。つまり、当時としても高度に専門的な学知によって、日本語の優位性が示されたわけである。

さまざまな日本語観

逆に、この専門的な学知によって、日本語が貶《おとし》められることもある。例えば、大航海時代のキリシタン宣教師による日本語研究書の中には、日本語には「性」も「数」もないとして、はなはだ不完全なものであると強調した記述が存在する。確かに、日本語の名詞には男性名詞や女性名詞の区別もないし、単数・複数の別を意識することもない。西洋語中心主義の立場から見ていけば、日本語は不完全な言語ということになってしまうだろう。また、一九世紀の言語進化論的な立場では、日本語は中国語とヨーロッパ諸語の間に位置するような言語で、先進的なヨーロッパ諸語に比べれば、まだまだ発展途上段階にあるとされる。こうした見方に縛られていたとすれば、日本語に対する視点は、先の宣長の観点と同様に、極めて狭いものとなってしまいかねない。

専門的な学知とは離れるが、戦後、志賀直哉は「私は此際、日本は思ひ切つて世界中で一番いい言語、一番美しい言語をとつて、その儘《まま》、国語に採用してはどうかと考へてゐる。それにはフランス語が最もいいのではないかと思ふ」(「国語問題」)と、日本語廃止・フランス語採用論を唱えた。この極論について、文学者特有の韜晦《とうかい》と見るか、偽らざる本心と見るかどうかはさておき、日本語よりも勝っている言語が存在するという見方には、案外根深いものがありそうである。

そうかと思えば、一方で「悪口雑言の言葉が少ないということは立派なことである。日本語は、人をののしったり汚い言葉を吐く手段をまったく与えていない」という記述まで存在する。日本人からすれば、本当か？と思える話だが、これは、お雇い外国人として来日し、博言学を講じたチェンバレンが著した『日本事物誌』の中の一節である。チェンバレンは、日本語に対する鋭い観察で知られ、多くの著述を残している。そのチェンバレンが、日本語には「悪口雑言の言葉が少ない」と言ってのけたわけである。実際の罵詈雑言については、真田信治・友定賢治編『県別罵詈雑言辞典』などを参照してもらうことにして、対象は同じ日本語であるにもかかわらず、なぜこのような見解の違いが生じるのか、まことに不思議なものである。

日本人と日本語

最初に見た国学者の日本語観が、日本人による日本語中心主義的な見方であるとすれば、一九世紀の言語進化論などは典型的な西洋語中心主義の見方である。ところが、そこに志賀直哉やチェンバレンを重ね合わせてみると、日本での見方、西洋での見方というように、単純に区別することができなくなる。言語に対する見方というものは、時代や社会状況に即応しつつも、その個人の学識や立場によって大いに異なるものなのかもしれない。これは言語に限らず、文化や社会に対するものの見方とも通底することであり、日本人だから、あるいは西洋人だから、といった単純な区分法はあまり意味を持たない。こういった観点から次のような主張を見ると、いろいろなことを考えさせられる。

我々日本人にとっては、日本語はその中で生まれ、その中で成長してきた言語であり、我々のアイデンティティーをなすものである。そのような意味で絶対的なものである。

（中略）言語は単にコミュニケーションの技術ではない。特に母語はその人のものの捉え方、ものの考え方、さらには美的感覚・世界観・価値観など、その人間性の基礎をなすものである。それは端的に言語の構造、特に文の構造に現れるといえる。世界の言語がその構造を異にするように、人の考え方もさまざまである。日本人は日本語の中に生まれたことによって日本人独自のものの考え方をしているのである。

（白藤禮幸・杉浦克己編著『国語学概論』一三〜一四頁）

ここでは、日本語で書かれるならば、それは「我々日本人」の手によるものであり、そこに「我々」のアイデンティティが見出される、という論の展開となっている。なお、この主張では日本語母語話者を「日本人」と規定していることになるが、日本語とは別に日本人としてのアイデンティティを持つ人々（例えば在外移民社会の「日本人」や「日系人」など）の存在や、逆に巧みな日本語母語話者である外国人（例えば「在日コリアン」など）の存在はあまり念頭にないことがうかがえる。ここで「民族」を実体と捉えるか、仮構的と捉えるかについての議論は控えるにしても、少なくとも「日本語」と「日本人」が密接なつながりを持って語られる際、そうした日本語に対する見方が、ある種の立場を示しているといえないだろうか。日本語への視点を考える際、民族や地域にとらわれて過ぎていると、本質的なことはあまり見えてこないのかもしれない。

言語学史・日本語学史・国語学史

そもそも、日本語への視点とはどういう問題設定をすることになるのだろうか。言語に対する視点とは、言語が人間の本質であるという主張まで存在する以上、極めて哲学的なテーマである。言語に対する視点を、仮に「言語観」と呼ぶとして、言語観の変遷史は哲学史の記述と一部において一致する。また、「言語学」は言語に対する学知として、その時代時代の学術体系に対応し、一つの言語観を形成している。その意味で「言語学史」とは、狭義の「言語学の歴史」にとどまらず、広義には「言語観の変遷史」、いわば「言語哲学史」をも構成することになるだろう。実際、多くの言語学史関係の教科書では、西洋言語学史をプラトン辺りから記述している。これを日本の言語学史、すなわち日本語学史に置き換えてみるとどうなるだろうか。

日本語研究の歴史としての日本語学史は、明治以来「国語学史」という名称の分野で研究がなされてきた。この国語学史という研究分野は、明治近代化にともなう西洋言語学の流入により、「国語学」という学問が成立したことと密接なつながりを持つ。つまり、西洋の言語学の影響下にある明治以降の国語学と、それ以前の日本における言語研究との接合点を模索するという立場である。そして、日本で最初に言語学(「博言学」)を大学で講じたのが、お雇い外国人のチェンバレンであった以上、国語学史において西洋人の日本語研究を無視するわけにはいかなかった。

国語学の祖ともいうべき国語学者の上田万年は、ヨーロッパ留学前の一八九〇(明治二三)年に書かれた論文「欧米人の日本言語学に対する事跡の一二」(『国語のため 第二』所収)の中で、欧米人の日本語研究について紹介し、これを博言学に依拠する学派として「科学派」と名付けた。一方、国学の言語研究の流れを汲むものは「古学派」として捉えられ、両者を対比している。日本の近代化にとって欧米の学術移入は不可欠であると認識されていた当時としては、外国人の日本語研究についても、当然のことながら十分に参照すべき対象であったのである。

国語学史と外国人の日本語研究

ところが、外国人による日本語研究については、こうした明治期におけるいくつかの言及を除いて、それほど研究が進まなくなった。少なくとも国語学史という分野では、本格的に言及されることが少なくなったのである。大きくは資料閲覧の困難さや、外国語で書かれているという、言語の問題が存在したためだが、それとともに、日本人による日本語に対する自覚と反省とはつながらなかったという、研究のあり方も関係していたからという点も指摘できよう。極言すれば、言語研究上の観点のみならず、政治・社会的にも日本における言語研究の優位性を十分示し得ることができるようになったからである。特に国語学史の分野では、近世国学の言語研究に関して、極めて多くの研究がなされるようになった。つまりは、明治以降の国語学成立以前の言語研究がどのようなものであったのかという、いわば学知に対する自覚と反省、正確にはその顕彰の結果であるといえよう（単純に、近世国学の研究内容が客観的に見ても優れていたから、さまざまな言及がなされたともいえる）。上田自身も、国語学史を極めて重視し、近世国学の研究成果について数々の指摘をしている。ともあれ、国語学史では冒頭の本居宣長をはじめ、富士《ふじ》谷成章《たになりあきら》、鈴木朖《あきら》、本居春庭《はるにわ》、義門《ぎもん》、富樫広蔭《とがしひろかげ》といった国学者の言語研究が精緻に検討され、「活用」や「係り結び」など国学者の発見について、多くのことが明らかになっていった。こうした研究成果から、言語研究のあり方に至るまでの思弁を行い、一つの言語観を打ち立てたのが時枝誠記である。時枝の国語学は国語学史研究から出発しているのである。時枝の『国語学史』では近世国学の言語研究が極めて高く評価される一方、外国人の日本語研究についてはほとんど言及されない。

　また、国語学を「日本国民の間に起つて、日本国語を学問的に研究した結果そのものをさす」（『国語学史要』六頁）とした山田孝雄は、明確に「西洋人のわが国語を研究したそれは西洋人の立脚地からいへば、日本語学といふには差支はあるまいが、国語学といふことは出来ぬ訳である」（五頁）と述べている。このような立場から外国人の日本語研究を扱うことは、たとえ「その結果が見事なものであるならばわれわれは外人の研究だからと云つて毛嫌する必要が無い」（六頁）とはいうものの、積極的な意義を見出すのは困難であったに違いない。国語学史において外国人の日本語研究をどのように扱うのかについては、学知の捉え方そのものを反映していることから、案外重要な視点なのである。戦前でもキリシタン宣教師の日本語研究に関して、いくつかの言及がなされていたが、それはあくまでも国語（日本語）史研究資料のためであって、直接的に宣教師の日本語観そのものへ目が向けられることは少なかった。やはり国語学史の問題ではなかったのである。

外国人の日本語研究では、キリシタン宣教師によるものの他にも、ヨーロッパで成立した東洋学の流れを受けた日本研究や、幕末・明治期の外交官や英米人宣教師の日本語研究などが存在する。戦後、こうした研究についても多くの目が向けられ、「洋学（蘭学、英学）資料」研究とともにさまざまな言及がなされるようになった（例えば、松村明『洋学資料と近代日本語の研究』など）。それでも、外国人の日本語研究に対する扱いは、まだまだ十分なものとはいえない状況にある。

日本語学史の意味

杉本つとむ氏は『西洋人の日本語発見』の中で、「日本人だから日本語がわかるなどと錯覚をおこし、外国人は日本語がマスターできぬときめつける日本人の思いあがりに、反省材料を与えることができれば、筆者の目的は達したことになる」(二頁)と述べている。本書では、この杉本氏には到底及ぶべくもないが、少なくとも国語学史上、極めて興味深いジャンルでありながら、あまり言及されなかった、外国人(中でも西洋人)による日本語研究について、あれこれ紹介してみることにしたい。それは、日本語への視点を考える上で、極めて相対的な視座を提供するとともに、そのような視点の持つ意味そのものを、考えさせることにもなるからである。筆者は、外国人の日本語研究を含むことによって、「国語学史」は「日本語学史」として定置できると考えているが、そうであるならば、重要なのは単なる名称の違いとは異なる「日本語学史」というあり方そのものを吟味することにある。

日本語学史が「日本語学」の「歴史」であるならば、その「日本語学」は、やはり地域や民族からは自由であるべきだろう。このことをふまえて歴史を記述するには、どうしても「日本」という地理的な境界を超えた広がりが必要であるし、異なった視点を持った日本語研究についても、相応の言及が不可欠である。本書で対象を西洋人に限定したのは、あくまでも便宜的かつ筆者の能力的な問題であって、本来はアジアからの視点も不可欠であることはいうまでもない。そうした限界を承知の上で話を進めてみることにしたい。

仮に、日本人による日本語研究が〈内〉の視点によるものだとすれば、外国人の日本語研究とは〈外〉の視点によるものだといえようが、そもそも、言語研究において「内・外」の視点の差など存在するのだろうか。それとも、差があると思いたいだけなのであろうか。もしも本書が、こうした問いかけに対する答えになっているとして、杉本氏の口吻を真似るとすればば（何やら偉そうで恐縮だが）「筆者の目的は達したことになる」。そうした目論見を秘めつつ、大変興味深い日本語観察を行った西洋人について、順に紹介していくことにしたい。

ところで、いきなり外国人の日本語研究について話を進める前に、どうしても確認しておくべきことが一つある。それは、日本語研究を行う日本人の視点についてである。そもそも、日本人は日本語をどのように見ていたのか。本格的な日本語研究はいつ頃から始まったのだろうか。これは日本語への自覚的な認識を問う作業となるだろう。まず最初の一歩は、この辺りから始めたほうがよさそうである。

＊なお、引用に際しては、適宜振り仮名を付した箇所がある。

目　次

第一章　日本語は国内でどう見られてきたのか

「歌の言葉に里言を当つること、梵経を翻訳せむがごとく」（『あゆひ抄』）

外国人の日本語研究が徹底的な観察者の立場であるとするならば、日本人の日本語研究は、日本語に対する自覚の結果なのであろうか。いったい、日本語に対する自覚的な認識とは何を指すものなのだろうか。外国人による日本語観察に先立って、国内では中世以来、歌学の世界を中心に日本語に対する内省が行われていた。テニヲハ（助詞・助動詞）に関する興味深い観察については、近世になって「国学」という学知として結実する。本章では、外国人による日本語研究と向かい合うものとして、国内での日本語研究の流れについて押さえておくこととしたい。

1　日本語への自覚と「外国語」

日本語に対する自覚的な認識は、いつ頃から始まったのか。この問いは、一見簡単そうでありながら、案外難しい問題をはらんでいる。ある地域で使われている言語を仮に「〜語」と呼ぶとして、それを日本に当てはめてみたとしても、果たしてその言語を「日本語」などとはっきりと自覚していたかどうか、よくわからないからである。

例えば、古代から存在したと思われる「言霊信仰《ことだま》」などはどうか。言語には一種霊力が宿っており、その霊力によって人間に禍福がもたらされるというものである。今日でも、音や意味のよくない言葉を避けるという忌詞《いみことば》などは慣習として強く残っている。そう考えると、山上憶良が詠んだ「言霊のさきはふ国（言霊能佐吉播布国）」（『万葉集』巻五・八九四）とある表現を引き合いに出すまでもなく、言語に対する自覚というものは極めて根源的なものであるとみることもできよう。それならば、日本語に対する自覚的な認識というものは、それこそ大昔から存在していた、ということで話は終わりである。

方言への認識

しかしながら、これは言語に限らず、感情といった人間の認識全般に関する問題でもあって、ある地域で使われている言語を一つの言語として自覚するためには、どうしても他の地域の言語との比較といった経験をふまえなければならないだろう。このことは、同一言語の範疇内にある「方言」であっても同様である（「方言」と「言語」との違いというのは、言語学的に定義してみてもなかなか難しい要素を含むが、とりあえずは違いを認識するという点に限って話を進める）。

自らの言語を「方言」と意識するのは、共通語や他の方言と比較する場合に多い。逆に、比較というものがなければ「方言」ということも自覚できないだろう。筆者は大阪で生まれ育ち、どの場所でも大阪方言のイントネーションで話をしているものの、長らく大阪で生活しているせいか、自分の言葉は大阪方言であるという自覚がほとんどない。極論すれば、自分の言葉が共通語だとも思っている。これなど他との比較を経ない場合の典型例であろう（単に無頓着でずうずうしいという話もある）。

ところで、方言に関しては、九世紀の初め頃に成立したとみられる『東大寺《とうだいじ》諷《ふ》誦文稿《じゅもんこう》』には、「此当国方言・毛人方言・飛騨方言・東国方言」という文言がみられる。この『東大寺諷誦文稿』は、奈良の僧侶が法会に際して読み上げる願文などの草稿・控えの類で、原本は太平洋戦争の際に消失してしまったものである（幸い、完全な写真複製本が作られていたので、今日でも内容をうかがい知ることができる）。ここでは、地域によって特有の言葉（「方言」）が存在し、それが「当国」を含めて四つある（「毛人」「飛騨」「東国」）としている。「当国」は畿内を指すものとみられるが、例えば「毛人」や「東国」はそのまま東北方言、関東方言などと、単純に言ってしまってよいのかよくわからない。「毛人」は、古代のアイヌ人のことかもしれないからである。また「飛騨」についても、飛騨国（現・岐阜県北部）の言葉とみるのは簡単だが、なぜ、わざわざ飛騨だけを取り上げているのか、考えてみると不思議である。馬淵和夫氏はこれを東大寺造営に携わった「飛騨工《ひだのたくみ》」と関連付けて説明しているが、確かに飛騨出身の人物が奈良に多くいたとすれば、「飛騨方言」を別に取り上げるのも理解できる。しかし、飛騨国では別の言語が話されていたのでは、などと想像を巧みにしてみれば、「日本語」とは畿内を中心とした「当国」辺りの言葉を指す以外に、よくわからないことだらけになるのである。そのような中で、日本語に対する自覚的な認識とはどのようなものであったのか。

古代人の言語意識

奈良時代の貴族階級の人々が、自らの言葉に対して自覚的であったことの証拠は、多くの資料からうかがい知ることができる。『万葉集』の中にある大伴家持の歌「霍公鳥今来鳴きそむあやめぐさかづらくまでに離るる日あらめや」（巻一九・四一七五）には、「毛能波三箇辞闕之」という注が付されている。「も」「の」「は」を欠くという意味だが、これなどは助詞に対する意識の表れとみなすこともできる。また、自らの言葉と他の言葉との差異を意識していたことは、東歌や防人歌などを例に挙げることができよう。これも大伴家持の歌であるが、「あゆの風いたく吹くらし奈呉の海人の釣する小舟漕ぎ隠るみゆ」（巻一七・四〇一七）の「あゆのかぜ（東風）」に対して、「越俗語東風謂之安由乃可是也（越の俗の語で東の風を「あゆのかぜ」という）」とあるのは、おそらく方言を意図的に用いたことを意味するのであろう。ただしこうしたことも、ほとんどが知識人層の想像であって、一種バーチャルなものであるなどと言ってしまうと、話は振り出しに戻ってしまう。

それでも、一つだけ確かなのは、自らの言葉は中国や朝鮮半島の言語とは異なる、という認識は当時から持っていたということである。これは明確な日本語への自覚である。つまり、他の言葉との差異を外国語の段階にまで引き上げてみると、その違いがあまりにも明らかなものとなるため、どうしても自らの言語を意識せざるを得なくなる、ということに他ならない。その意味で、言語に対する自覚的な認識というのは、他の言語との接触過程で、一層うかびあがってくるものと考えられよう。奈良時代のように大陸文化を多く取り入れた時期には、外国語が相当な比重を占めていたに違いない。第一、漢字によって自らの言葉を書き表すということを選択した以上、否応なしに自覚的にならざるを得なかったはずである。昨今、万葉仮名をはじめとする古代の表記法に関する研究が目覚ましいが、その根底には、漢字で日本語を書き表すことの意味、すなわち日本語に対する自覚的な認識への問いが存在している。漢字の使用ということ自体が、日本語に対する自覚的な認識を反映しているといえるだろう。冒頭の問いは、日本語における漢字の問題へと話がつながっていくようである。

ところで、日本語と外国語（中国語や梵語）との精緻な比較検討といった、いわば日本語研究といえるものが本格的に行われるのは、奈良時代より少し遅れて平安時代に入ってからのことであった。漢文訓読や仮名の表記法が成立し、いわゆる国風文化が花開く中で、日本語への自覚的な認識は一層深いものとなっていったからである。また、言葉は時代とともに変化する以上、言語における新古の別が意識されるようになり、古語への理解が問題として上がってくることにもなった。「古語」という言葉自体の用例は、それこそ忌部広成の『古語拾遺』（八〇七年）にも見られることから、古語に対する意識は以前から存在していたであろう。しかし、実際に古語を解読しようとする作業は、相応の認識と研究体制とが一致しなければ不可能である。いわゆる国風暗黒時代とも呼ばれる平安時代前期を過ぎると、『万葉集』ですら解読が困難な事態となってしまい、九五一（天暦五）年には梨壺《なしつぼ》の五人に『万葉集』解読が命じられたが、これなどは日本語への自覚が研究と結び付いた典型例の一つである。

このように見ていくと、日本語への自覚的な認識は、日本語研究への視点を形成することにつながっていくことがわかる。つまり、他言語との比較や古語の解釈といった手法を通じて、日本語研究は進展していったのである。具体的には漢文・梵文や古歌への訓詁学がこれらに相当する。

上記のことは、実のところ、時枝誠記が「国語意識の展開の歴史」と捉えた「国語学史」のあり方を、簡単に述べたものに過ぎない。種明かしのようでもあるが、冒頭の問いかけは、日本語研究を成立させる要因である日本語への自覚的な認識が、他言語との比較や古語の解釈と密接なつながりを持つ、ということへの確認作業であった。

2 日本語への自覚的な認識(一)——富士谷成章

それでは、日本語への自覚的な認識が、本格的な日本語研究へとつながっていくのは、一体いつ頃の話なのか。ここでよく引用されるのが、伝藤原定家作の秘伝書『手爾葉《てには》大概抄《たいがいしょう》』である。定家の作とは伝えられるものの、実際は鎌倉末期か室町初期の成立と考えられる本書は、テニヲハに対する認識を示したものとして有名である。ちなみに、この『手爾葉大概抄』の成立年代については、本当に定家が著したという説(根来司)から、室町中期(亀田次郎、近年では根上剛士氏)の説に至るまで、大変広範囲にわたっている。いずれにせよ不明な部分も多いことは確かである。

歌学・国学と日本語

『手爾葉大概抄』は「和歌手爾波者、唐土之置字也。(和歌の「てには」は漢文の置字(「於、乎」といった助字に相当)である)」で始まる六四〇字程度の漢文で、現在の伝本の多くは、宗祇《そうぎ》による注釈『手爾葉大概抄之抄』と合冊になっている。本文にある「詞ハ寺社ノ如ク、手爾葉ハ荘厳ノ如シ」という一節について、「手爾葉(てにをは)」と「詞」という文言に注目した時枝誠記は、これを日本語における主体的表現、客体的表現との差、すなわち「辞」と「詞」の関係にあると捉えた。本当に時枝の理解が正しいのかについては、それこそ日本語研究史上の課題であるが、少なくとも、「手爾葉」が漢文の「置字」に相当するという理解が存在したことは間違いない。その後、歌学の秘伝書では緻密なテニヲハ論が展開されていくことになるが、漢文での術語などを援用しながら日本語を理解していくというあり方については、極めて興味深いものがある。

時代はさらに下って江戸時代になると、秘伝書の公開や諸文芸の興隆などと関係して、日本語研究も著しい進展を遂げた。とりわけ江戸中期頃に勃興した国学は、日本語研究を極めて高い段階にまで押し上げた。上田万年は『国語のため』の中で、留学先のベルリン大学で師事したガーベレンツの、次のような言を紹介している。

日本人の独りだちて為した精神的作動の中では、此言語学上に於ける程の名誉なる結果は、恐く他の学域上に見出し難からう、（安田敏朗校注、六　頁）

この激賞にも似た賛辞は、かえって他の学問のみすぼらしさを意識させてしまうが、それでも日本語研究の水準については、言葉通りに、かなり高いものであったとみるべきであろう。例えば、国学の大成者である本居宣長は、語法(係り結び・活用)、表記、音韻といったさまざまな分野で、画期的な業績を残しているからである。

富士谷成章の業績

しかし、日本語研究史上では極めて著名でありながら、あまり一般には知られていない天才国学者が、宣長と同時代に存在した。それは富士谷成章(一七三八〜一七七九)である。成章は京の医師皆川春洞の次男として生まれた。兄は漢学者の皆川淇園で、もともとは漢学の家の出身である。富士谷家の養子となってからは国学も修めるようになり、特に和歌研究の面で才能を発揮した。主著に『かざし抄』三巻(一七六七年刊)、『あゆひ抄』五巻六冊(一七七八年刊)があるが、その他の稿本などは、『富士谷成章全集』に収められている。成章への言及を抜きにして日本語学史は語れないほど偉大な存在ではあるが、四二歳という若さで亡くなったことと、その学説の難解さによって、評価が語学研究の分野に限られてしまったのは極めて残念なことである。

『あゆひ抄』は、次のような一節から始まる。

師曰名をもて物をことわり、装をもて事を定め、挿頭脚結をもて言葉を助く。この四の位は初め一つの言霊なり。奥よりて定まれるもあり。外よりて通ひなれるもあり。言はゞ同じき木といへど、大きなるをば家に造り船に造り、小さきをば机に作り箸に作るは、昔より宜しきに従ふ也。又檀を弓ならぬ物にも削り、桐をば琴ならぬ物にも切るは、便に従ふなり。さて丸くいかめしくこなせるをば柱と言ひ、四角にさゝやかに合はせたるをば箱と言ひて、もと何の木とも尋ね識りがたきもあるがごとし。

「師曰」というのは、あえて弟子への口授という形式をとったからで、実際は本文も成章自身が書いている。引用を見てもわかるように、刊本ながら秘伝書のような書き振りで、一読してみても何が書いてあるのかよくわからない内容である。「かざし」はかんざしで、「あゆひ」も脚部を結ぶ「脚絆《きゃはん》」のことであろうから、言葉を人体に見立てて、頭部を飾るものと脚部を結ぶものという比喩として、こうした術語を用いたのに違いないが、それでも結構わかりづらい。宣長ですら、成章没後の一七八四年に荒木

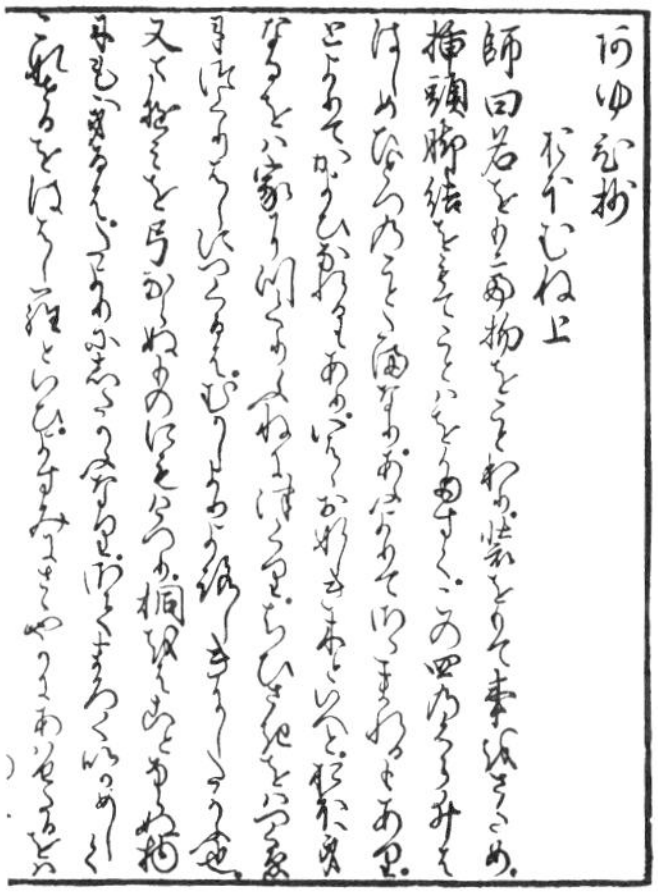

富士谷成章『あゆひ抄』

田尚賢へ宛てた書簡の中で、この『あゆひ抄』は大変素晴らしい出来栄えであるが「悉ク新作ノ名目ヲ以テ説候故、大抵ノ人ハ早速聞エ申間敷候、新名目、甚珍敷奇僻ニワタリ候也」と述べている。ただ、さすがに宣長はその真価を理解しており、続いて「されと皇国ノ言語ハ、凡テ活用甚精緻ナル物ナレハ、是ヲクハシク説ントスルニハ、許多《あまた》ノ名目ヲ立テザレバ、説キがたき事也、サレハ右ノ新奇ノ名目モ実ニハ難ズベキ事ニモ候ハズ」と、成章の立場を十分汲みとっている。

成章は、言葉を「名」「装」「挿頭(かざし)」「脚結(あゆひ)」の四つに分類し、さらに下位分類を設けながら日本語の構造を説明した。「あゆひ」については、「属(たぐひ)、家(いへ)、倫(とも)、身(み)、隊(つら)」というように区分され、それぞれについて具体的な説明を施している。これを学校文法の術語に当てはめてみると、おおよそ次のように位置付けられる(以下は、中田祝夫・竹岡正夫編『あゆひ抄新注』における注釈に従う)。現代の研究にそのまま対応させることは危険であるが、それでも、これらは品詞分類を示したものであることには違いない。ちなみに山田孝雄はこの成章の分類を高く評価し、とりわけ副詞に関しては「かざし」についての議論の影響を強く受けている。

名　名詞

装　事《こと》　動詞
　　状《さま》　形容詞・形容動詞
挿頭　代名詞・副詞・接続詞・感動詞・接続語
脚結　属、家　助詞
　　倫、身　助動詞
　　隊　接尾語

また『かざし抄』には、この分類に従って和歌を分析した例が以下のように示されている。あたかも、学校の古典の時間に習った品詞分解法のようである。

いつ（挿）　とても（脚）　月（名）　み（装）　ぬ（脚）　秋（名）　は（脚）　なき（装）　ものを（脚）　わきて（挿）　こ（挿）　よひ（名）　の（脚）
めづらしき（装）　哉（脚）

古典と口語訳

さらに成章の研究が画期的であるのは、語の一つ一つに詳細な口語訳（「里言《さとごと》」）を付している点である。『かざし抄』における「さすがに」を例に引用してみる。

さすがに　里『サウハイヒツ、ヤハリ』又『サウハイフモノ、ヤハリ』など言《い》ふ

天雲のよそにも《サテモ》人のなり行かさすがに《事カナサウハ言ツ、ヤハリ》目にはみゆる物から

このような口語訳を付して古典を解釈するという方法は、他にも宣長の『古今集遠鏡』などで見受けられる。現在でも、古典註釈で口語訳の傍訓を付すという方法は、これまた古典の時間でよく行われている。現在に通じる古典学習法の骨格は、ほとんどが国学者によって整備されたものといってもよいだろう(これを伝統の継承とみるか、それとも近代的古典教育方法論の欠如とみるのかは、好みの問題かもしれないが)。ただ、成章の行った口語訳の背景には、古典の世界が決して均一なものではなく、歴史的な変遷を経ているという、明確な史観が存在していた。具体的には、古典の世界を全体的に六つの時期に区分し、これを「六運」と称したのである。これは以下のように、二十一代集の歌体に合わせての時代区分法である。

上つ世　〜光仁天皇　神代より万葉の時まで

中昔　〜花山院　三代集の時　(古今・後撰・拾遺)

中頃　〜後白河院　三代集以後　(後拾遺・金葉・詞花)

近昔　～四条院　（千載・新古今・新勅撰）
乙つ世　～後花園院　（続後撰～新続古今）
今の世

ここまで詳細な時代区分を可能としたのは、二十一代集所収の和歌について歌語の吟味や語法の検討を詳細に行ったからこそであろう。宣長は先の書簡で「大方近世コレホトニ雅言ヲ手ニ入候人ハ、世ニアルマシク覚申候」と称賛しているが、そうした研究の成果が『かざし抄』や『あゆひ抄』なのである。ただし、口語訳と単純にいっても、古典語と当時の言葉との相違は相当なものであり、細かなニュアンスを単線的に一対一対応で示すことなどは無理に近い。この点について成章は「歌の言葉に里言を当つること、梵経を翻訳せむがごとく」（『あゆひ抄』）と指摘しているが、まさに梵文経典を翻訳するような困難が生じたことは、偽らざる心境であっただろう。古典語の口語訳を外国語の翻訳になぞらえる点は、これまた興味深いところである。

漢学と日本語

ところで、こうした成章の数々の卓見を、全て彼の天才的な才能によるとのみ説明してしまうのは、話としていささか簡単に過ぎる。ここで、若き日の成章に大きな影響を与えた漢学について見ておきたい。実際、成章の品詞分類法に漢学の影響がみられることは、すでに多くのところで指摘されている。例えば兄の皆川淇園は、弟である成章の所説について「挿頭とは頭の飾りなり。以て助辞の語頭に施すものを明らかにす。（中略）脚結とは脚の飾なり。以て助辞の語脚に施すものを明らかにす」（「北辺倭文遺稿序」）として「助辞」という用語で説明している。漢学の分野では語を「実字（実語、実辞）、虚字（虚語、虚辞）、助字（助語、助辞）」に三分類することが多く、さらには「虚字」（あるいは「助字」）を二分して、四分類とすることもあった。荻生徂徠の『訓訳示蒙』には、実字、虚字（二つをあわせて「実語」）、助語の例として、それぞれ「天、地」「大、小、喜、怒」「之、乎」などが挙がっている。ここで注目したいのは、「之、乎」などの助字を、テニヲハと対応させて説明する例が多い点である。徂徠は同じく『訓訳示蒙』の中で「助ハ倭歌のテニヲハ也」と述べ、伊藤東涯も『操觚《そうこ》字訣《じけつ》』で「助辞」を「文章ノテニハナリ」と指摘している。『手爾葉大概抄』でもそうであったが、テニヲハという日本語の助詞や助動詞をどのように理解すべきかについては、漢文における助字の理解が大きく関係していた。また、三分類にせよ四分類にせよ、言語をこのように区分するという発想法を明確化させていたのは、やはり漢学の分野であった。

成章にとっては、こうした漢学での品詞分類法を、どのように日本語に適応させるのかが問題であったに違いない。それをもっとも端的に表しているのが、漢語と直接対応関係にない「挿頭」の存在である。また助字に相当する「脚結」についても、詳細な下位分類（例えば助詞、助動詞の別など）を必要とする以上、漢学の研究だけでは不十分である。成章の天才的な才能を指摘するならば、こうした漢学の素養をもとに、従来のテニヲハ研究の蓄積や和歌の実例から、極めて精緻で独創的な解釈を施したという、その接合面についてであろう。テニヲハ研究の流れを汲み、あくまでも歌学の中から『かざし抄』や『あゆひ抄』が生まれたのだというのも、漢学の家に生まれ淇園の影響を受けたから四分類が誕生したというのも、両方極論といわざるを得ない。化学反応にも似た独創性こそ天才のなせる業なのであろう。ともあれ、日本語と根本的に構造の異なる漢文（中国語）を通して、日本語への理解が深まっていったことは間違いないといえようが、このことは日本語への自覚的な認識が、他言語との比較と密接なつながりを持つことの証ともなるだろう。

ところで漢学といえば、徹底的な「からごころ」批判で有名な本居宣長も、若き日は徂徠学派に連なる堀景山に師事し、漢学を修めていた。江戸時代の教養人にとって漢学の素養は不可欠であり、このことは国学者にとっても同様であった。「和魂漢才」とはよく言ったものので、たとえ「からごころ」の排斥を唱えたとしても、認識の根底には、いわば不可避の「漢」の世界が存在したことを忘れてはならないだろう。この点を極めて刺激的に突いたのが、宣長を激怒させた藤貞幹《とうていかん》(一七三二〜一七九七)である。

3　日本語への視点(二)――藤貞幹と本居宣長

考証家の藤貞幹が一七八一(天明元)年に著した『衝口発』には、「本邦ノ言語音訓共ニ異邦ヨリ移リ来者也。和訓ニハ種々ノ説アレトモ、十ニ八九ハ上古ノ韓音韓語或ハ西土ノ音ノ転スル者也」と国学者が卒倒しそうな内容が述べられている。和訓の九割方は中国語や朝鮮語が転じたものだというのである。さらには、イザナミ、イザナギの名は韓の古語に由来し、スサノヲは新羅の王、天武天皇は呉の泰伯の末裔だとまで主張した。『万葉集』が朝鮮語で読めるかどうかはよくわからないが、日本語の起源は朝鮮語にあったという説は、すでに江戸時代から存在していたことになる。地名「奈良」の語源が朝鮮語の「ナラ(国)」であるという主張があちこちで見受けられるが、貞幹が生きていたら、我が意を得たりと膝を打っていたであろう。貞幹は京の人で、有職故実や金石文に通じており、発掘品や古物の考証で名を馳せた人物である。ただし、好古趣味が高じて偽書・偽物などにも関与することもあったようで、この辺りが貞幹の評価を難しくさせているところでもある。

本居宣長の反駁

貞幹の大胆な主張に対して本居宣長は激怒し、狂人に首かせをはめるという題の反駁書『鉗狂人《けんきょうじん》』を著した。大変衝撃的な書名であるが、この中で宣長は、もし貞幹の言う通りならば、日本にはもともと人がおらず、無人島であったところへ韓から人が渡ってきたことになるか、そうでなければ、往来がある以前に住んでいた人は物が言えなかったことになるではないか、と述べ、「言語はみな異邦よりうつり来れりとは。いかなる強言《シヒゴト》ぞや」と徹底的に批判したのである。この辺りは宣長の面目躍如というところで、「皇国にては。形を見る。声を聞《ク》。言《イハ》ず。為《スル》こと無しなどといふを。漢国にては。見形聞声不言無為とやうに。体用をさかさまにいへり。諸《モロモロ》の言みな此格也。其外も異なること多き」というように、日本語と中国語との相違例を示すなどして貞幹の主張に反駁している。宣長は「これ言語はその国々の自然の事にして。他よりならはざる明証也」と言語の純粋性を示した後、「上件の子細どもをも考へず。たゞ大よそに論じて。人をまどはさむとするは。いとをこ也かし」と締めくくっている。謬見によって人を惑わすとは、まことに愚かしいことであるという、宣長の怒りがあちこちから伝わってくる内容である。

日本の純粋性

貞幹の主張は、今日の知見からすれば荒唐無稽の誹《そし》りも免れないが、比較歴史言語学など全く存在しなかった江戸時代の話である。逆に、宣長をなぜここまで怒らせたのかという点の方が重要であろう。子安宣邦氏は『江戸思想史講義』の中で、これを国学における〈朝鮮問題〉として、一国的な始源を再神話化するナラティヴのための、過剰防衛的な言説と分析している。確かに、貞幹の主張は絶対的な日本の純粋性を毀損させるものであった。宣長の反駁は、日本語に外国語の痕跡を見出す視線への徹底的な否定にあり、それは当時における日本語研究上、至極もっともな態度でもあった。そもそも、国学とはそういう性質を持った学知であり、宣長が重視した神の学びからしても、日本と大陸とを同一視するような言説は到底首肯できるものではなかったのである。これを近代の言語学の枠組みで捉えると少しばかり意味がずれてしまう。比較歴史言語学的にみて、古代朝鮮語の全貌が不明である以上、古代日本語と単純な比較はできないし、現代の朝鮮語から無理やり類推するというのも強引な手法である。こうした方法論的な困難さが存在する以上、日本語と朝鮮語との関係を言語系統論的に捉えるのは極めて困難ではあるが、別にそうした言語学的なことを先駆的に宣長が主張していたわけではないのである。それゆえに、国学における日本語への視点は、極めて意図的な日本語への自覚に基づいて構成されていたことを見過ごしてはならないだろう。

宣長は一七九六年刊行の『馭戎慨言』において、日本が中国や朝鮮を統御することを主張した。こうした宣長の熱狂的な著述と、『てにをは紐鏡』や『詞の玉緒』といった語学書を恣意的に区別して日本語への視点を捉えようとすると、方向を見誤るように思われる。実のところ、日本語に対する自覚的な意識によって構築された日本語の姿は、現実に存在する日本語と異なっていても、本来意図するものがそうであったとすれば問題はないのである。いわば、イメージとしての日本語である。宣長の怒りは、そうした日本語への自覚的な態度というものを、我々の前へ見せつけてくれる。

そして、この怒りについてもう一度穿《うが》って見てみると、そこに先に指摘した不可避の「漢」の世界の痕跡を、宣長自身が嗅ぎ取ったからではないだろうか。宣長の漢字研究には、それこそ漢学者のものかと思わせるほどの深みがある。ここからは全く戯言レベルであるが、他言語との比較を最大限に活用しつつも、その危うさを最も理解していた者こそ、宣長自身ではなかったか。

言語（日本語）への視点

国学における言語研究の流れは、その後、宣長門下を中心に大きな広がりを見せ、息子の春庭や鈴木朖、義門、富樫広蔭といった碩学の蓄積をふまえて明治維新を迎えることになる。

ここで、以上のような日本語への自覚的な認識がもたらした日本語研究のあり方を見ていくと、繰り返しになるけれども、他言語との比較や古語の解釈と密接なつながりを持つ、というところへ行きつく。言いかえれば、言語への視点には、ある種の懸隔が存在する言語〈外国語や古語〉との比較が必要であるということになるだろう。これは、例えば母語の内省といったものだけでは、その言語の全てを捉えることはできないことを意味する。実際、国風文化や鎖国といった言葉から、全く他との交渉がなかったようなイメージを持つことが滑稽であるように、言語への純粋な認識などを想定するのは無理である。このことからも、言語における〈内〉の視点や〈外〉の視点といったものについても、たとえ〈内〉が母語であったにせよ、何らかの〈外〉が関与している点を忘れてはならないだろう。そうしたことを日本語研究の歴史は気づかせてくれるのである。日本語の観察者とは、その意味で、〈外〉の視点を必然的に兼ねそなえた者を指すとでもいえようか。

次章では、地理的にも文化的にも、本当の意味で〈外〉の存在であった日本語の観察者たちについて見ていくことにする。

第二章　宣教師言語学の時代

「日本の手紙はきわめて短く、すこぶる要を得ている」

（ルイス・フロイス『日欧文化比較』）

一五四九年以降、ザビエルをはじめ多くの宣教師がキリスト教布教の目的で日本を訪れたが、彼らはそれまでの日本人が見出し得なかった日本語の特質について、鋭い観察を行っている。こうした観察眼の背景には、単なる知的好奇心にとどまらない、敬虔な宣教師として強靭な使命感が存在していた。本章では、最初にして、かつ極めて本格的な、外部からの日本語観察という現象について、一六世紀頃の世界状況との関連をもとに追っていく。

1 宣教師の見た「日本」

一五四九年八月一五日(旧暦七月二二日)に鹿児島へ上陸したイエズス会宣教師フランシスコ・ザビエルは、同年一一月五日付でゴアの全会友宛に一通の書簡を送っている。これは「マグナ・カルタ(大文章、大書簡)」とも呼ばれ、後に宣教師の間で大いに親しまれたものである(ちなみに、一六世紀の間だけで初版・重版・翻訳を含み三五回も出版されている)。この書簡には、当時ほとんど知られていなかった日本のことが多く記されており、後のヨーロッパにおける日本情報の普及に大きな役割を果たした。書簡の中でザビエルは次のように日本人のことを絶賛している。

この国の人びとは今までに発見された国民のなかで最高であり、日本人より優れている人びとは、異教徒のあいだでは見つけられないでしょう。（河野純徳訳、九六頁）

ただし、このような大変好意に満ちた日本人像は、貿易船長ジョルジェ・アルヴァレスからの情報や、日本人アンジロウ（ヤジロウ）本人による印象をもとに来日前から形成されていたようで、正確には事前に知り得た情報を再確認した上での日本人像であるらしい。ともあれ、ザビエルにとって日本人が大変理知的に映ったことには変わりない。

ルイス・フロイスの見た日本

さて、当時の日本に対する印象については他の宣教師も多く書き残しており、それらの記述からは彼らの鋭い観察眼がうかがえる。一五六三年に来日したイエズス会宣教師ルイス・フロイスは日本における見聞をまとめた『日欧文化比較』（一五八五年成立）を著しているが、序文には両文化の差異に対する率直な感想が述べられている。

彼らの習慣はわれわれの習慣ときわめてかけはなれ、異様で、縁遠いもので、このような文化の開けた、想像力の旺盛な、自然の知識を備える人々の間に、こんな極端な対照があるとは信じられないくらいである。両者の相互の間の混乱を避けるために、ここに主の恵みを得て章に分類をおこなうものである。

(岡田章雄訳注『大航海時代叢書 第Ⅰ期第Ⅺ巻』所収、五〇一頁)

フロイスの目には、風俗、風習、信仰、食事などに見られる多くの差異がとても興味深く感じられたことであろう。今日でも比較文化論の古典的著述として見れば大変面白いものだが、その中には、次のような日本語に関する記述も存在する点に注目しておきたい。

われわれの手紙はたくさん記載しなければ意見を表わすことはできない。日本の手紙はきわめて短く、すこぶる要を得ている。

(同、五九五頁)

ヨーロッパでは言葉の明瞭であることを求め、曖昧な言葉を避ける。日本では曖昧な言葉が一番優れた言葉で、もっとも重んぜられている。

(同、六二九頁)

当時の日本の手紙が簡潔で要を得ているというのは、確かにその通りで、岡田訳注でも取り上げられている室町期の書簡作法書『書札作法抄』には、「イカ程モ詞スクナクテ、理早ク聞ユルヲ能ト申也」（『群書類従第九輯 文筆部・消息部』）とある。だらだらと書かない、というのは今日にも通じる書簡作法の一つであるといえる。

一方、「曖昧な言葉」とは何を指すのか。これについては、おそらく敬語法のことで「直接明確な言い方を避けて、特に間接的で断定しない表現をとったことを指している」（同、六二九〜六三〇頁）とされる。実際にフロイスが、日本における曖昧な言葉の尊重をどのように評価していたのかについてはよくわからない。ただ、やはり宣教師たちにとっては、敬語法など極めて興味深い事実として映ったことであろう。

多くの来日宣教師たち

ところで、当時の日本にはどれほどの宣教師が来日していたのであろうか。五野井隆史氏の研究によれば、一五四九年から一六四三年までに日本やマカオ・マニラで宣教活動に従事していた宣教師は四五〇名（日本人は一四九名）いたという。この中で宣教師として来日したイエズス会員は一四七名おり、多くがポルトガル人であったが、スペイン人やイタリア人、中にはポーランド人も含まれていたという。宣教師と一口で言っても、イエズス会やドミニコ会といった会派の違いや、パードレ(司祭・神父)やイルマン(修道士)の違いなどさまざまであるが、それでも、全く西洋との接触を持たなかった当時の日本に、一〇〇名以上の西洋人が来日したという事実は、大変重いものがある。数からいえば、極めて少数であるかもしれないが、彼らには布教という最大の使命が存在した以上、その数を凌ぐほどの力を張《みなぎ》らせていたからである。大航海時代の宣教師たちは、日本のみならず世界各地へと布教活動に向かっていたが、まさしく信仰こそ彼らの原動力であり、また各地の言語に対する鋭い観察眼の基盤そのものでもあった。

2　キリシタン文献をめぐって

一六世紀半ばから一七世紀前半に至る、ほぼ一世紀にわたる間に、先に触れたザビエルやフロイスをはじめとする多くの宣教師が遠くヨーロッパから来日してきたことは、義務教育の歴史教科書でも必ず触れられている事項の一つである。ザビエル肖像画（重要文化財）など、ほとんど全ての歴史教科書に記載されていることもあり、日本中で知らない者はいないといってもよいだろう。ちなみに、この肖像画はザビエルの没後に礼拝画として制作されたものであり、大阪府茨木市の旧家から、大正時代になって発見された。茨木市北部はキリシタン大名高山右近ゆかりの地で、現在、茨木市立キリシタン遺物史料館には、隠れ（潜伏）キリシタンの貴重な遺物が保存・展示されている。

キリシタン文献とは

しかしながら、彼ら宣教師が作成し、あるいは作成に関与した数多くの写本や版本についての言及は、驚くほど少ない。日本語学や日本文学の専攻でもなければ、どこかで聞いたことはあるが、どういったものかは詳しく知らない、というのが現状ではなかろうか。ましてや、現在それらを直接見てみようとするなら、それこそ至難の業で、数多くの制約が横たわっている。いわゆる「キリシタン文献（以下「キリシタン文献（または「キリシタン資料」）」と呼ばれる、日本におけるキリスト教宣教に関わる文献（以下「キリシタン文献」）については、国内の場合、江戸幕府のキリスト教弾圧政策の結果、そのほとんどが失われてしまったからである。結果、現存文献は全て稀覯本として存在している。これは、同時期の国書の場合、全国の図書館や博物館にある程度所蔵されて、展覧会などでも目にする機会が多いことと比べて、明らかに対照的である。例えば、長らく所在不明とされていた、東京外国語大学浅井文庫蔵印影フィルムにあるキリシタン版『スピリツアル修行』（一六〇七年刊）の原本が、二〇〇三年に出された某古書肆の即売会目録によって、その存在が明らかになった（俗的な話で恐縮だが、そのときの目録掲載価格は二八〇〇万円であった)。

では、国外の場合はどうかといえば、やはりキリシタン文献が貴重であることには変わりなく、ロドリゲスの『日本大文典』(一六〇四〜一六〇八年刊)など、オックスフォード大学ボドレイアン図書館と、スコットランドのクロフォード伯爵家が所蔵する二部しか現存していない。最近では、二〇〇九年にハーバード大学図書館において『ひですの経』が、折井善果氏によって発見されているが、やはり、キリシタン文献は世界的にみても貴重なのである。

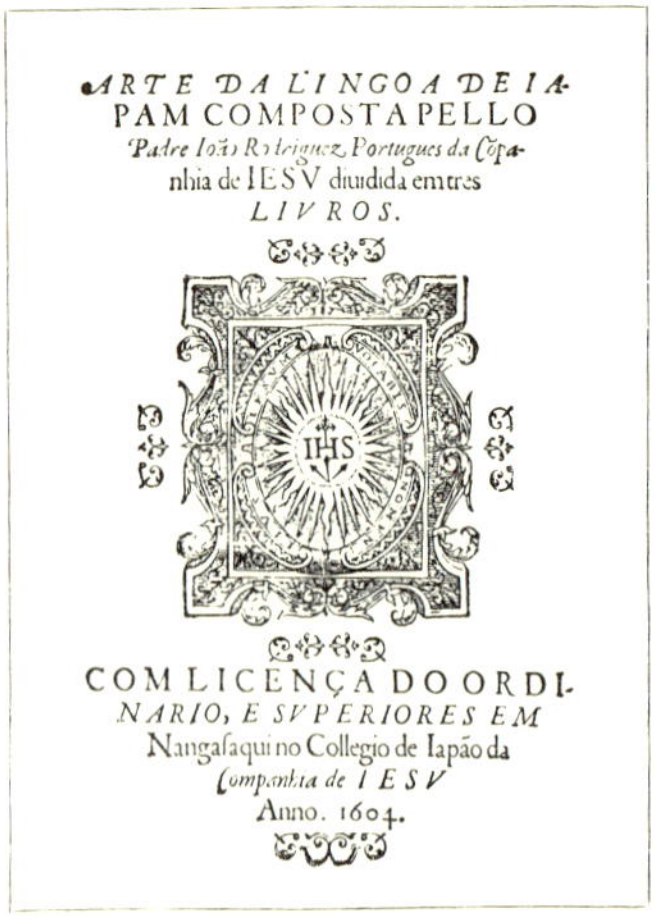
ARTE DA LINGOA DE IA-
PAM COMPOSTA PELLO
Padre Ioão Rodriguez Portugues da Cõpa-
nhia de IESV diuidida em tres
LIVROS.

COM LICENÇA DO ORDI-
NARIO, E SVPERIORES EM
Nangasaqui no Collegio de Iapão da
Companhia de IESV
Anno. 1604.

ロドリゲス『日本大文典』

このように、キリシタン文献は大変希少価値を有するのだが、その希少性もさることながら、数多くの知見が包含されている。宣教師たちは、日本での布教に及び日本語の観察を精緻に行い、かつラテン語やポルトガル語、スペイン語といったヨーロッパの諸言語を日本語に翻訳するという難事業に着手した。結果として、今日にキリシタン文献として伝わるこれら難事業の成果は、日本語史研究において不可欠な資料として存在することになる。とはいうものの、キリシタン文献の価値を日本語史の資料（マテリアル）に限定してしまうことは、ある意味でさまざまな問題が生じる。この点について鈴木広光氏は、キリシタン文献のうち、特に宗教書を「翻訳物」として扱う流れを取り上げ、その特徴について「原典を探索し、原文と対照することによってキリシタンの翻訳方法を明らかにしようとするもので、さらに進んで彼らの異文化への対応のあり方にまで考察が及んでいる」（「翻訳書としてのキリシタン文献」）と紹介している。

宣教師言語学

また、こうしたキリシタン文献を、大航海時代のキリスト教宣教という史的背景の中に布置することにより、広く言語学史的に検討するという流れも主流になりつつある。これは「宣教に伴う言語学（宣教師言語学、Missionary Linguistics）」として、国際会議も開催されるなど、世界的な規模で精力的な研究がなされている。その意味でキリシタン文献は日本語史研究という枠にとどまらず、広く言語・文化研究にとっての宝庫ともいえる。なお、岸本恵実、豊島正之両氏は『葡羅辞書』に関する研究論文の中で「キリシタン文献学は、もはや、資料をつまみ食いする形の研究を脱し、文献としての全貌の把握が必須の研究ステージへと歩を進めつつある」（「バレト著「葡羅辞書」のキリシタン語学に於ける意義」）と指摘している。本書もつまみ食いの一種のため、恥ずかしいところであるが。

ただし、キリシタン文献にどの程度、またどのような形で日本人が関与していたのかについては、慎重に検討すべき課題である。例えば、キリシタン版（天草版）『平家物語』を編纂したのは、日本人の宣教師ハビアン（不干斎巴鼻庵、一五六五～一六二一）である。ただしハビアンの場合は、後に棄教して逆にキリシタン迫害に協力するまでとなるが、少なくとも彼のような協力者は多く存在したことであろう。確かに、宣教師たちにとって異国の言語である日本語を、全て独力で解読していくことは相当の困難である。そこに日本人の関与を認めることは至極当然のことで、キリシタン文献における日本語を、全て外国人の目から見たものなどと即断することはできない。

こうした点を厳密に捉え、キリシタン文献を外国人宣教師の著述に限定する立場も見受けられるが、ここでは広く日本におけるキリスト教宣教の文献としておきたい。外国人と日本人という区分け以上に、文化史的な観点から、時代状況の反映として総体的に捉えることで、キリシタン文献の持つ意味が明らかになってくるだろう。

なお、文化史的観点からいえば、ローマ字や漢字・仮名で刊行された印刷物については「キリシタン版」として、書誌学や印刷技術史の分野で多くの研究がなされている。これらのことをふまえて、キリシタン文献の日本語について、少しばかり見ていくことにしたい。

3　キリシタン文献の日本語

キリシタン文献については、慣例として宗教書、文学書、語学書に三分されることが多い。有名なものでは、宗教書の『サントスの御作業の内抜書』や『ドチリナ・キリシタン』、文学書の（天草版）『平家物語』、そして語学書では『日葡辞書』や、ジョアン・ロドリゲスによる『日本大文典』（*Arte da Lingoa de Iapam*）、『日本小文典（日本語小文典）』（*Arte Breve da Lingoa Iapoa*）などがある。現在、世界中で三十数点確認されている（以下は主要なもの）。

一五九一年　『サントスの御作業の内抜書』　加津佐（現・長崎県南島原）
一五九二年　『ドチリナ・キリシタン』　天草
一五九二年　『平家物語』　天草
一五九三年　『伊曽保物語』　天草
一五九三年　『金句集』　天草
一五九五年　『羅葡日辞書』　天草
一五九六年　『コンテンツス・ムンヂ』

一五九八年　『落葉集』
一五九九年　『ぎや・ど・ぺかどる』
一六〇〇年　『ドチリナ・キリシタン』
一六〇〇年　『おらしよの飜譯』長崎
一六〇〇年　『どちりな・きりしたん』長崎
一六〇三～〇四年　『日葡辞書』長崎
一六〇四～〇八年　『日本大文典』長崎
一六〇七年　『スピリツアル修行』
一六一〇年　『こんてむつす・むん地』京都
一六一一年　『ひですの経』長崎

これらの資料については書誌的調査・研究の結果、多くのことが知られるようになったが、最近でも新資料が(再)発見されている。先述の『ひですの経』もその一つである。この『ひですの経』とは、スペインの神学者ルイス・デ・グラナダの『使徒信条入門』第一巻の翻訳で(当初は、同じくグラナダの著述『ヒイデスの導師大綱』と考えられていた)、二〇世紀初頭のドイツ古書店目録で取り上げられて以来、長らくその所在が不明であった。

また、キリシタン版といった刊行物以外にも、教会所蔵写本などについても研究が進んでおり、中でも現存最古の日本語訳聖書の写本を含むことで有名な、一五九一年書写の「バレト写本」(バチカン図書館所蔵)については、語学的にみて今後大いに注目されるべき文献の一つであるといえる。

世界のキリシタン文献

なお、キリシタン文献の中でも、特に語学書については、日本のものが世界的にみて質量ともに大変充実している。キリシタン文献語学書研究を精力的に手がけている丸山徹氏の指摘によれば、ポルトガル語で書かれた現存印刷物の語学書は以下のものが確認できるという。

アフリカ　コンゴ語ドチリナ一点、
　　　　　キンブンドゥ語文法書一点、ドチリナ一点
ブラジル　トゥピ語文法書二点、ドチリナ二点
　　　　　キリリ語文法書一点、ドチリナ一点
インド　　コンカニ語文法書一点、ドチリナ二点
　　　　　タミル語辞書一点、ドチリナ二点

日本　日本語文法書二点、辞書三点、ドチリナ四点

このように見ると、日本のものが群を抜いている。この理由について丸山氏は、(1)日本が一言語であった、(2)通訳が役に立たなかった、(3)日本人の読み書き能力が高かった、(4)潜伏布教への方針転換があった、(5)現地の教養人の協力が得られた、(6)印刷・写本の伝統やよい和紙があった、(7)ヴァリニャーノが印刷機をもたらし、現地日本で印刷できた、ことなどを挙げている。このように見れば、キリシタン文献が、世界史上における「日本」を体現しているともいえるだろう。こうしたことが、教育の場でもあまり触れられないというのは、何とも惜しい気がする。

また、宣教師たちが手がけた語学書は、何もいきなり無手勝流に編纂されたものではなく、伝統的な手法の中で規範に則って編纂されたものであった。例えば、辞書について見れば、ヨーロッパの辞書史上極めて重要な意味を持つ、アンブロージオ・カレピーノのラテン語辞書がその手本として存在したのである。この辞書は後に各国語の対訳が付されていくことで一種の多言語辞書として発展していき、一五〇二年の初版以後二〇〇以上もの版を重ねた。後世「カレピーノ(Calepino)」だけで「辞書」を意味するようにもなったという。一五九五年に天草版『羅葡日辞書』が刊行されるが、これはカレピーノ辞書の流れの中に位置付けるこ

とができるのである（だからといって、辞書編纂が容易であったということにはならず、難事業であったことはいうまでもないことだが）。この『羅葡日辞書』が、どの版のカレピーノ辞書を原典としているのかは不明であったが、近年、岸本恵実氏によって一五七〇年リヨンで出版された版の系統である可能性が示された（「キリシタン版『羅葡日辞書』とその原点」）。ちなみにカレピーノ辞書は一五〇二年から一五九五年の間で一六〇版も存在する。普及の程がうかがえるが、それを確認するのも大変なのである。

キリシタン文献の日本語

さて、キリシタン文献が日本語史資料として重視される理由の一つには、当時の国内文献ではよくわからない部分を補完する働きを持っている点にある。例えば、橋本進吉が一九二八（昭和三）年に著した『文禄元年天草版吉利支丹教義の研究』は、ローマ字本『ドチリナ・キリシタン』のローマ字による日本語の綴り方を精緻に調査し、当時の日本語音韻について検討したものである。この画期的な業績によって、当時の発音におけるハ行子音やオ段長音の開合、ガ行鼻濁音、四つ仮名の区別、エ・オの音価など、多くのことが明らかになった。ただし、キリシタン文献が別に中世日本語のタイムカプセルではないように、全ての問題がキリシタン文献によって解決するというものではなく、大いに検討を要する部分も多く存在する。例えば、橋本のハ行子音に関する考察は、次のように極めて慎重なものである。

ハ行子音にfを宛てたのは、実際はh音であつたけれども、之を表はす文字が無い為、已むを得ずfを用ゐたと考へられないでもない。しかしながら、現今のやうに、fuだけがfで、他はhであつたとすれば、丁度ta、te、toとchi、tçuを書きわけ、sa、su、soとxi、xeを書きわけたやうに、之を書きわけたであらうと思はれる。たとひ、h音が葡萄牙語に無いとしても、之を表はすべき文字を新に定めて写す事、恰も、同国語に無いdjiの音を写すにgiを以てしたと同じやうにしたであらう。すれば、ハヒヘホをfa、fi、fe、foと書いたのは、これらの子音が、フの場合と同じくfであつたか、少なくともfに近い音であつた為と解するのが至当である。

（橋本進吉『キリシタン教義の研究』二四九〜二五〇頁）

つまり、キリシタン文献がそのまま当時の日本語を反映しているとは言い切れない部分も多く存在するからである。川口敦子氏の研究によると、バレト写本ではジ＝ji、ヂ＝jji、ズ＝zu、ヅ＝zzuと表記されているが、ズヅの混乱例がジヂに比べて非常に多いという。当時の国内文献ではズヅの混乱例は極めて少ないことから、当時における四つがなの混乱をそのまま反映した資料とは言い難いのである。この混乱の理由については、川口氏が精緻に論証されているが、どうも宣教師の聞き取りに関係していたらしい。母語の干渉という外国資料を扱う際に注意すべき側面を十分に配慮した論考である。また、キリシタンが見た日本語という点からすれば、混乱そのものに意味があるともいえるだろう。

なお、キリシタン文献については、確かに次のような見解も存在する。

キリシタン資料を記録した宣教師達は、ポルトガル人ではあるにしても、それは或る意味で日本人よりも、より日本語に堪能であり、従って、その立場は、日本語を母語とする、日本人自身のそれと異なるところがないとも云えるのである

（濱田敦『朝鮮資料による日本語研究』四二頁）

宣教師の日本語能力について、結局のところ詳しくはわからないが、外国語との接触の中で日本語を観察し、いわば日本語を「発見」したということはいえるだろう。それは、外国から日本語を見るという、「外的な発見」とともに、自らの言語の内省という、いわば「内的な発見」であったかもしれない。まことに、キリシタン文献は興味深いものである。

4　キリシタン文献における日本語観

さらにキリシタン文献で興味深いのは、日本語の資料としての側面とともに、当時の日本語や日本文化に対する認識を示した記述が見られる点である。ジョアン・ロドリゲスの『日本大文典』には、日本語を次のように捉えた記述が見られる。

この国語はある点では不完全なものである。何となれば、名詞は格による変化を欠き、単数複数の別及び性の別を持たず、動詞は人称及び単数複数の別を欠き、その他にも欧羅巴の言語には見られない欠陥があるからである。

（土井忠生訳、五頁）

宣教師たちが範においたものは、いうまでもなくラテン文法であり、系統的にも全く異なる言語である日本語に接したときの評価は、どうしてもこのようなものになってしまうことは想像に難くない。

しかし、一方では日本語に関して次のような見解も示されている。

然しながら、他方では甚だ豊富であり典雅である。それは即ち次の諸点によるものである。先づ、同一の事柄を言ひ表す為の語が多数あって、その中のあるものは他のものよりも適切であるといふ事がある。次には、ある動詞と他の動詞との間、また名詞相互の間で作られる種々な複合語があって、我々の国語ではうまく言ひ表せないか廻りくどい言ひ方をしなければならないかする事柄や動作を、その複合語を使って簡潔にしかも力強く言ひ表すのである。次には又、副詞が多数あって、事物や動作の特殊な状況を極めて適切に示すのである。だからして、我々が身振や手真似で示すものを、日本人は多く複合語と副詞とで示すのである。さうして又、上に指摘した所とは違ったことで、この国語の特徴と観られるのは、殆どあらゆる場合の言ひ方に含まれてゐる尊敬及び丁寧の仕方に於いて豊富であり典雅であるといふ事である。即ち、話し対手なり話題に上る人なりの身分の高下に相応したそれそれ《ママ》の動詞があり、又動詞や名詞に接続する色々な助辞があるのである。（同、五〜六頁）

宣教師たちの敬語観については、すでに詳細な検討がなされているが（土井忠生『吉利支丹語学の研究　新版』など）、彼らは決して一方的な思い込みにのみとらわれていたわけでなく、かなり正確な観察眼を兼ねそなえていたこともうかがえる。こうした観察眼の成果として『日葡辞書』や『日本大文典』などの語学書が存在しているのである。

ロドリゲスの日本語観

ロドリゲスの日本語観の特徴についても、すでに多くの指摘がなされているが、日本語学習にあたってどのような点に留意すべきか、といったことに言及している部分などは大変興味深い。例えば、一六二〇年にマカオで刊行された『日本小文典』では「生徒が学ぶべき書物であるが、これは文章体の書物、しかも文体が美しいため日本人のあいだでしかるべき評価を得ている過去の古典的著者の手になる書物でなければならない」（池上岑夫訳『ロドリゲス日本語小文典』上、三八頁）として、日本語の講読に適する文献として古典を取り上げている。具体的には舞や草子の類に始まり、撰集抄や発心集、平家物語、保元物語、平治物語、太平記などが挙げられている。他にも、歌や詩聯句、伊勢物語や源氏物語についても触れられており、これらを学習することによって「誤りを含まぬ美しいことば、優美な言葉遣い」（同、四一頁）を身につけるのがよいとしている。これは、ロドリゲスが『日本小文典』における日本語学習者を「日本語に熟達して、説教をし文章を綴り異教徒のなかで神の掟の導き手となるつもりの人びと」（同、三九頁）としていたからで、いわばラテン語に対する知識を有する人々向けへのものであったことと関係している。この点について『日本小文典』の翻訳者である池上岑夫氏は、次のような大変重要な観点を指摘している。

われわれにとって興味のあるのは（中略）、強固なラテン語文法の伝統のなかに生き、「直なることば」を母語としていたロドリゲスが「曲なることば」である日本語と正面から取り組み、ラテン語文法の枠組のなかでどこまで著者独自の日本語理解を示しているかである。（同下、二五六頁）

ロドリゲスら宣教師たちにとって、日本語がどのようなものに映ったのかを考えることは、日本語をどのような観点から見ているのかということに対する思弁をも誘発することだろう。

宣教師たちと日本語

それでは、こうした優れた日本語の観察者であった宣教師たちは、一体どのような人物であったのか。中でも、語学書を編纂した宣教師たちは、どのようにして日本語を習得し、日本語に対する観察眼を養っていったのだろうか。

『日本大文典』の著者であるジョアン・ロドリゲスは、一五六一年頃（一五六二年とも）、ポルトガルのセルナンセーリェに生まれ、一五七七（天正五）年に来日している。日本でイエズス会に入会し、豊後府内のコレジオで神学やラテン語を修め、イエズス会の通辞として活躍した。こうした経歴からもわかるように、ロドリゲスの学問形成地は、どうもポルトガルではなく日本であったようである。宣教師の日本語観といえば、〈外〉からの視点などというように、ついつい地理的な「外部」を想像してしまう。しかし、ロドリゲスについては、地理的な内・外の問題ではなく、母語の干渉やコレジオでの教育といった状況こそが、いわゆる〈外〉からの視点を生みだしていったともいえるだろう。その後、豊臣秀吉や徳川家康からも重用されたロドリゲスは、次第に長崎の貿易商人たちと軋轢を生じることとなり、一六一〇年にマカオへ追放されてしまい、一六三三年に病没するまで再び日本に戻ることはなかった。先述の通り、マカオでは初学者のための文法書『日本小文典』(一六二〇年刊)を著している。

なお、ロドリゲスのように、日本で本格的な布教活動を行った宣教師たちのほとんどはイエズス会に属していたが、わずかながら、ドミニコ会やフランシスコ会の宣教師も存在していた。中でも、スペインのミアハタス出身のディエゴ・コリャードは、ドミニコ会の宣教師として、すでにキリシタン禁教令の出ていた一六一九年に日本へ潜伏入国し、密かに布教活動を行った。このコリャードが刊行したのが『日本文典』『羅西日辞書』『懺悔録』である。日本での布教はイエズス会の独占状態であった中、ドミニコ会の宣教師も、これまた教会から使命を帯びて、果敢に布教活動を行っていたわけである。コリャードの『日本文典』はラテン語で書かれており、ラテン語文法書に日本語文法を適応させたものだが、内容もさることながら、ポルトガル語、スペイン語、そしてそれらの前提ともいえるラテン語と、日本語が絡み合うという時代の妙に、いまさらながら驚きを禁じ得ない。

キリシタン禁教・弾圧へ

そうしたキリシタン文献の妙を十分に会得する暇もなく、その後、日本はキリシタン禁教、弾圧へと向かっていった。関係年表を見れば、この間の激動をうかがい知ることができよう。

一五四九年　フランシスコ・ザビエル（イエズス会）来日
一五五一年　ザビエル入京（布教許可を得られず離京）、山口で大内義隆より布教許可
一五五七年　ルイス・デ・アルメイダ（イエズス会）、豊後府内に病院を開設（「南蛮医学」）
一五六九年　ルイス・フロイス（イエズス会）、織田信長より布教許可
一五七九年　口之津会議（日本人聖職者養成を決定、セミナリオ、コレジオ設立へ）
一五八二年　天正遣欧少年使節出発（一五九〇年帰国）
一五八四年　フランシスコ会士初来日、聖アウグスチノ修道会士初来日
一五八七年　豊臣秀吉によるキリシタン禁令

一五九二年　ファン・コボ（ドミニコ会、フィリピン総督使節）来日
一五九三年　ペドロ・バプチスタ（フランシスコ会）来日
一五九七年　日本二六聖人長崎殉教
一六〇三年　ルイス・ソテロ（フランシスコ会）来日
一六一〇年　マードレ・デ・デウス号撃沈事件
一六一三年　伊達政宗、慶長遣欧使節を派遣（正使＝ルイス・ソテロ、副使＝支倉常長〈一六二〇年帰国〉）
一六一四年　徳川家康による禁教令・宣教師国外追放令
一六二二年　元和大殉教
一六三七年　島原の乱（翌年終結）

「然し、教は生き残る筈であつた、而して二世紀後に、これがあらはれた」（レオン・パジェス『日本切支丹宗門史　下』三七八頁）と感動をもって記されるように、幕末になって、フランス人宣教師ベルナール・プティジャンにより「信徒発見（長崎の大浦天主堂前に潜伏（隠れ）キリシタンが現れ、自らの信仰をプティジャンに告白した出来事）」がなされた。さらには外交官アーネスト・サトウの尽力により、ヨーロッパに散在するキリシタン文献が調査・報告されることに

もなった。〈外〉の視点は再び〈外〉によって発見されたのである。

キリシタン文献の意義

キリシタン文献について、丸山徹氏は「これまで日本で諸先輩が血のにじむような努力をして明らかにしてきた文献研究の成果やその方法論を、日本以外の地域の人々にもわかるように「翻訳」していくことが必要となろう」(「キリシタン資料語学書研究の「これから」」)と指摘している。近年、国際的な視野での研究の協働性が不可欠なものとなってきている。大航海時代の中に生きた「キリシタン」の見た日本語や日本語観について見ていこうとするならば、そうした広汎な視点が本質的に要求されるものなのである。昨今「グローバル」と銘打った研究を多く目にするようになったが、その先蹤《せんしょう》として(かつては日本語史研究のためというものが主流であったにせよ)「血のにじむような努力をして明らかにしてきた」キリシタン文献研究が存在する点を忘れてはならないだろう。また国際的視野に立てば、キリシタン文献から学ぶべきことは、今日においても数多く存在する。まことに、キリシタン文献は興味深いものである。

第三章　オランダ商館から見た日本語

「古代の史記及び学術も、皆虚妄にして原づく所なく」
（フィッセル『日本風俗備考』）

ペーター・ハルツィンク(Pieter Hartsinck、Petrus Hartsingius とも)という自然科学者がいる。デカルトの孫弟子としてもしばしば紹介され、ライデン大学の学籍簿にも名前が残っている。これだけならば科学史の断片的な説明に過ぎないが、どうもこの人物は日本と、しかもオランダ商館と深い関わりがあったらしい。というのも、彼はオランダ商館に勤務したドイツ人の父と日本人の母のもとに生まれ、五歳のときに母と死別、幼くして渡欧し、ライデン大学で数学、医学を学び、その後は鉱山監督官や宮廷顧問官等を歴任するものの、四二歳の若さで亡くなったというのである。ハルツィンクの名前は、すでに三上義夫が一九二二(大正一一)年に「文化史上より見たる日本の数学」(『哲学雑誌』三七巻四二一〜四二六号)の中で紹介しているが、具体的な事績については最近、鈴木武雄氏の調査により多くの点が明らかになった。鈴木氏の論文「17世紀:日本からヨーロッパへ――Petrus・Hartsingius・Japonensis の場合」によれば、現在でも彼の名を冠した奨学金がオランダの学校に存在するそうである。

海外の「日本人」

国際交流の懸け橋的存在などと呼ぶことはたやすいが、当の本人にとっては、それこそ筆舌に尽くしがたい苦難も多かったことであろう。それでも、「日本」と「外国」との関係を短絡的に捉えてしまう、一国中心主義の視点からすれば、ハルツィンクのような人物の存在は、多くのことを投げかけている。キリシタン宣教師の活躍した頃から本格的な鎖国体制の始まりまでの間、世界中とまではいかないが、数々の日本人や日系人が海を渡っていった。彼／彼女らの見た日本以外の地は、まさに日本とは異なる「知(＝地)」そのものであったに違いない。本当の日本人であったかどうかはわからないが、遠くアルゼンチンでは、ソランシスコ・ハポンなる人物が一五九六年に奴隷売買契約無効の訴えを起こし、二年後見事に勝訴して自由の身となっている。「じゃがたら文(「日本恋しや、ゆかしや、見たや」の一節で知られる故郷宛の手紙だが、偽作説も強い)」で有名なじゃがたらお春もジャカルタに暮らした日系人であるし、シャムに渡って活躍した山田長政は、異国に渡った日本人の英雄として称揚され続けてきた(ただし、長政については極めて否定的な見方も存在しており、客観的な長政像の構築が望まれる)。こうした日本人や日系人は、程度の差こそあれ、本土の日本人とは異なる観点を獲得していたといえるのではないか。

日本の「外国人」

一方で、日本にやってきた外国人の中には、母国への帰国を果たせず、そのまま日本で生涯を過ごす者もいた。キリシタン宣教師の中には、過酷な拷問のために棄教を余儀なくされ、その後、日本名を名乗って生活した者もいる。遠藤周作の『沈黙』のモデルともいわれる、クリストファン・フェレイラ（沢野忠庵）や、ジュゼッペ・キアラ（岡本三右衛門）らがそうである。彼らは「転びバテレン」と称され、逆に幕府のキリシタン弾圧に協力させられるなどしたが、これなど国際交流という華々しい言葉の裏面にある、大きな悲史の一つといえようか（そういえば柴田錬三郎の「眠狂四郎」シリーズの主人公は、転びバテレンと日本人との混血という設定であった）。密かに来日したイタリア人宣教師ジョバンニ・バッティスタ・シドッチの場合は、新井白石の計らいもあり、拷問も受けることなく単なる幽閉にとどまったが、それでも最後は、世話係への布教が見咎められ地下牢で衰弱死してしまう。ただ、シドッチからの見聞録である白石の『西洋紀聞』や『采覧異《さいらんい》言《げん》』は、西洋事情紹介として密かに写本が伝わることとなり、一九世紀以降になってからではあるが、シドッチの知見は幕閣や知識人の世界認識に対して大きな影響をもたらすことになる。フェレイラも西洋医術を日本に伝えるなどしている。国際交流などというものは、表層的な面ばかり捉えていても、十分理解できないのである。

イギリス・オランダ商館の人々

さて、こうした過酷な運命のもとにあった者とは異なり、正規の手続きを踏んで来日した外国人にとって、日本は一体どのような国に映ったであろうか。

キリシタン宣教師の流れと異なり、イギリスやオランダの商人にとっては、東アジアにおける商圏の拡大こそが最大の目的であった。しかも、国策会社であるイギリスやオランダの東インド会社の命運を背負って立った彼らは、商人であるとともに国家間の利益調整をも担う外交官であった。それだけに、政治的交渉力に長けた彼らの分析眼は驚くほど冷徹であり、彼らの目に映る日本像は極めて説得力のあるものとなっている。当時においても、そして現在においても、外国研究が多分に政治的な側面を帯びたものであるということを、端無《はしな》くも彼らの著書は教えてくれているようである。本章では、こうした対外交渉の現場にあって、大変ユニークな位置にいたイギリス人やオランダ商館の人々について、彼らの目から見た日本（語）を追いかけてみたい。時期でいえばちょうど、ポルトガルやスペインからイギリス、オランダへと、交易相手国が変わる頃からの話である。

1　一七世紀のイギリス・オランダと日本

日本史の教科書でおなじみの「出島」は、現在でも長崎で人気を誇る観光名所の一つであ

漢洋長崎居留図巻（長崎歴史文化博物館蔵）

る。近年、周辺が美しく整備され、時代劇のロケなどでも多く使われるようになり、出島を訪れると、ちょっとしたタイムスリップをしたような気にさせられる。

出島が設けられたのは一六四一（寛永一八）年のことであるが、それまでオランダ商館は平戸に存在していた。当初、平戸にはオランダとともにイギリスも商館を置いていたが、アンボイナ事件の影響を受けて、一六二三（元和九）年にイギリスは商館を閉鎖してしまう。以後スペイン、ポルトガルとの国交断絶を受け、ヨーロッパ諸国ではオランダのみが交易対象国となり、「商館」といえばオランダ商館を指すことになる。平戸のオランダ商館は、外観にキリスト教由来である西暦を記した銘が見えるからという理由で取り壊されたが、そうした言い掛かりにも似た幕府の命に屈してでも、交易は守らなければならなかったようである。ただし、当時の商館長フランソワ・カロンは、実のところフランス人であったのだが（正確にはブリュッセル生まれのユグノー教徒）。この辺りを小年表にしてみると、以下の通りである（イギリス関係は太字）。

一五六四（永禄七）年　**英国船が肥前五島へ入港、通商を請う**（『外交志稿』による）

一五八〇（天正八）年　**英国船が平戸へ入港、松浦隆信と通商交易を約す**（『外交志稿』による）

一六〇〇（慶長五）年　**イギリス東インド会社設立**

オランダ船リーフデ号日本漂着（ウィリアム・アダムス他生存者二四名）

一六〇二（慶長七）年　オランダ東インド会社設立

一六〇五（慶長一〇）年　ヤコブ・クァケルナック、メルヒオール・ファン・サンフォールトに渡航免許状を与え、共にマライ半島東岸パタニ港へ赴任

一六〇九（慶長一四）年　オラニエ公マウリッツ・ファン・ナッサウの親書を携えたオランダ船、ローデ・レーウ・メット・パイレン号、フリーン号が平戸へ入港

アブラハム・ファン・デン・ブルック、ニコラス・ボイク、徳川家康に謁見、通航許可状を得る

一六一三（慶長一八）年　平戸にオランダ商館設置、初代商館長ヤックス・スペックス

平戸にイギリス商館設置、初代商館長リチャード・コックス

一六一四（慶長一九）年　徳川家康による禁教令・宣教師国外追放令

一六二二（元和八）年　元和大殉教（キリシタン五五名処刑）

一六二三（元和九）年　**アンボイナ（アンボン）事件（モルッカ諸島アンボイナ島でのイギリス人虐殺）**

イギリス商館閉鎖

一六二四（寛永元）年　オランダ、台湾島占領

スペインと国交断絶、スペイン船来航禁止

一六二七（寛永四）年　台湾行政長官ピーテル・ノイツ来日、フランソワ・カロン随行

一六二八（寛永五）年　タイオワン（台湾、浜田弥兵衛）事件（オランダとの交易中断をもたらした紛争）

一六三三（寛永一〇）年　奉書船以外の渡航禁止（第一次鎖国令）

一六三七（寛永一四）年　島原の乱（翌年終結、ニコラス・クーケバックル商館長の砲撃協力）

一六三九（寛永一六）年　ポルトガル人来航禁止（第五次鎖国令）
一六四〇（寛永一七）年　ポルトガル船来航（使者六一名処刑）、オランダ商館解体（カロン商館長）
一六四一（寛永一八）年　オランダ商館、長崎（出島）へ移設
一六四三（寛永二〇）年　ブレスケンス号事件（オランダ船が盛岡藩領に上陸、乗組員が捕縛、後に釈放）
一六四九（慶安二）年　アンドレアス・フリシウス（副使）、アントニオ・ファン・ブロウクホルスト（商館長）、ユリアン・スヘーデル（砲術士官）、カスパル・シャムベルゲル（医師）来日
一六七三（延宝元）年　**イングランド船リターン号来航、貿易再開要求拒否**

イギリス対オランダ

イギリスとオランダはある意味で宿怨の関係にあり、一六五二年から一六五四年の第一次英蘭戦争（イングランド共和国対ネーデルランド連邦共和国）、一六六五年から一六六七年の第二次英蘭戦争（イングランド王国対ネーデルランド連邦共和国）、一六七二年から一六七四年の第三次英蘭戦争（ネーデルランド継承戦争へのイギリス参戦）と、三度も大きな戦争を起こしている。そのく

川原慶賀筆「唐蘭館絵巻・蘭船碇泊図」(長崎歴史文化博物館蔵)

せ、一六八八年の名誉革命ではオランダ統領ウィレムがイングランド王ウィリアム三世として即位するなど、一筋縄でいかないのが欧州諸国関係でもある。やはり「欧州の天地は複雑怪奇」である。このイギリスとオランダとの緊張関係の中において、オランダが日本との交易を独占できたのには、先に少し触れたアンボイナ事件の影響が大きい。アンボイナ事件は、一六二三年にモルッカ諸島アンボイナ島で起こった、オランダによるイギリス商館襲撃事件(商館員は全員殺害)のことだが、アンボイナ島には日本人町も形成されていたようで、どうも襲撃には日本人傭兵も加わっていたらしい。この結果、イギリスは東南アジアへの商圏拡大をあきらめ、インド支配へと舵を切っていくことになるのだが、まさしくこの年に、平戸のイギリス商館も閉鎖されるのである。そもそもオランダ東インド会社は、一五九四年設立のアムステルダム「遠方会社」に端を発する。その後、東インド航路の発見を経て、一五九八年にはジャワ島西部のバントゥン(バンテン)王国に商館が設置、一六〇二年に「総オランダ特許東インド会社」として設立されることになる。この会社は精力的に商圏拡大へと動き回り、一六〇五年にはアンボイナ島を占領し同島在住のポルトガル人を追放、一六二二年にはタイオワン(台湾)島も占領している。「会社」とはいうものの、勅許によって経済貿易活動の独占が認められていた以上、交戦権や植民地経営権まで含む政府機関のようなものであった。この点では、イギリス東インド会社もよく似たものであり、一七〇〇年代にイギリスとオランダの立場が逆転すると、イギリス東インド会社がインドで権勢をふるうようになる。考えてみれば、すさまじい世界情勢の中で、日本は西洋諸国と向き合っていたことになるだろう。こうした状況に対して直接の影響をこうむるのは一九世紀になってからのことであるが、これは次章で見ることにしたい。

ウィリアム・アダムス(三浦按針)

オランダと熾烈な商戦を戦わせたイギリスに関しては、その後の日本におけるオランダ商館の人々との交流と比べれば、どうしても印象が薄くなりがちであるが、徳川家康の庇護のもとに活躍をした一人のイギリス人の名前を忘れることはできない。それはウィリアム・アダムス（William Adams　一五六四～一六二〇、日本名は三浦按針）である。三船敏郎出演の映画「将軍　SHOGUN」の主人公、ジョン・ブラックソーンのモデルといってもあまりなじみがないかもしれないが、家康の外交顧問として大変重要な位置にいた人物である。彼はイングランド南東部ケント州ジリンガムの生まれで、海軍に籍を置いた後にバーバリー貿易会社へ入社、北東航路やアフリカを航海している。一五九八年にオランダ船リーフデ号の航海長として乗船し、ロッテルダム港を出て太平洋を横断するが、一六〇〇（慶長五）年、豊後国臼杵湾佐志生（現・大分県臼杵市）に漂着してしまう。漂着後、船長代理としてオランダ人航海士ヤン・ヨーステンとともに大坂へ赴くことになるが、ここで徳川家康と会見し大変気に入られ、知遇を得ることになる。相模国逸見（現・神奈川県横須賀市）に知行地まで与えられ、三浦按針と名乗るようになるも、家康の死後は冷遇されてしまい、最期は平戸で病死という数奇な運命を辿った人物である。「禍福は糾《あざな》える縄の如し」とはこうした航海者たちを表す諺のようにも思える。アダムス自身はすでにイギリスで結婚していたが、日本でも妻を迎えており、ジョセフ、スザンナという二子をもうけている。ジョセフは二代三浦按針を名乗るが、家康没後は彼も父と同じ憂き目にあったようで、その後の詳しい消息は不明である。

アダムスと日本語

こうした経歴からすると、アダムスが一体どこで日本語を習得したのか大変気になるところであるが、残念ながら詳しいことはよくわからない。それでも、彼の日本語能力をうかがえる資料として、興味深いものが現存している。アダムスと同様に家康の外交顧問であった金地院崇伝の残した外交文書『異国日記』に、次のような一節がある。

一　慶長十八年、癸丑、八月四日、インカラテイラ国王ノ使者、於駿城御礼申上ル、王ヨリ音信色々進上也、此国ヨリハ始テ使者也、捧書蠟紙ハ、弐尺、タテ一尺五寸、三方ニ縁ニ絵アリ、三ツニ折、二ツ折返シテ、紙ニテ釘トヂノ様ニシテ、蠟印アリ、文言ハ南蛮字ニテ不被読故、アンジニ、仮名ニカ、セ候、

（慶長一八年八月四日（一六一三年九月八日）付、傍線部は引用者）

一六一三年にイギリス国王使者ジョン・セーリスより家康宛の書状が届いたが、これは約六〇×四五センチ大の羊皮紙に書かれたもので、そのままでは読めないためアダムス（按針・「アンジ」）に翻訳させたという。『異国日記』には訳文も掲載されており、具体的には「ぜめし帝王書状之趣者、天道之御影により、おふ、ぶりたんや国ふらんず国、ゑらんだ国、これ三ケ国之帝王ニ、此十一年以来成申候、然者、日本之　将軍様御威光広大之通、我国え慥《たしか》に

相聞え候」といった調子である。英語原本も大英図書館に残っており、引用部分は'James by the grace of Almightie God, kinge of Greate Brittaine, Fraunce and Ireland, denfendor of the Christian faithe, etc.: to the highe and mightie Prince the Emperour of Japan etc.: greetinge.'の翻訳であることがわかっている。この後に続く部分からは大分意訳をしているが、少なくとも慇懃な内容という書状の意図は伝わってくるだろう。またジェームズが「ぜめし」、グレートブリテンが「(大)ぶりたんや」、アイルランドが「ゐらんだ」という表記も、何かしらそのように聞こえてくるようで味わい深い。ただ、後半部分にはウェストミンスター(Westminster)が「おしめした」と表記している箇所があり、これなどは一読してもよくわからないかもしれない。読みにくい表記ついでにいえば、アダムスの書簡には「シオンゴサンマ(Siongosamma)」や「ゴッソサンマ(Gossosamma)」という言葉が見える。これは金井圓氏の注解によれば、「将軍様」と「大御所様」の意味で、それぞれ秀忠、家康のことを指している。

リチャード・コックス

ちなみに、アダムスと同時期に日本で活躍したイギリス人に、平戸の初代イギリス商館長リチャード・コックス(Richard Cocks 一五六六～一六二四)がいる。彼は一六一三(慶長一八)年にイギリス東インド会社の命により訪日し、アダムスの仲介により徳川家康に謁見している。

一六二三（元和九）年のイギリス商館閉鎖にともない日本を退去するが、帰国途中の船上で病死してしまう。アダムスといいコックスといい、まことに波乱万丈の生涯であるといえよう。このコックスに関しては、平戸滞在中に書いた商館長日記（*Diary kept by the Head of the English Factory in Japan*）が残っており、これによって当時の様子をうかがい知ることができる（商館長日記は東京大学史料編纂所より翻訳が刊行中であり、またアダムスやコックスらの書簡については、岩生成一訳注『慶元イギリス書翰』（『異国叢書　第四巻』所収）に多くのものが収められている）。

さて、話をオランダの方へと移してみたいが、オランダ東インド会社から日本へ派遣された商館の人々は、一体どのような人物であったのだろう。冒頭で紹介したハルツィンクの父は、カレル・ハルツィンクという平戸の商館員であった。オランダ商館には商館長（カピタン）や次席（ヘトル）の他、荷役や医師、料理人などが滞在していたが、長崎出島の場合ではおよそ四千坪の区域に十数名の商館員が押し込められていたことになる。商館長は初代のヤックス・スペックス（平戸商館長）から、ヤン・ドンケル・クルチウスまで一六六代（長崎商館長からでは一五九代）を数えるが、歴代商館長は「オランダ商館日記」とも呼ばれる詳細な公務日誌を残している。現在、これらの商館日記はオランダのハーグ市にある国立中央公文書館で閲覧できるが、一部については日本語訳もなされている。また、商館長付医師や社員の中には、帰国後に見聞録をまとめる者もいた。これらの記録を読んでいくと、まさに西洋人の見た日本像といったものが、まざまざと浮かび上がってくる。オランダ商館の人々が残した記述は、まさに日本の観察者としての姿を映し出しているのである。

2　オランダ商館の人々

(1)　ケンペル

オランダ商館の人々の中で、かなり早い段階で「日本」のイメージを西洋に広めた立役者は、エンゲルベルト・ケンペル(Engelbert Kaempfer　一六五一～一七一六)といえるだろう。ケンペルはドイツのレムゴーに生まれ、ダンツィヒ、クラクフ、ケーニヒスベルク、ウプサラなどの大学で医学、博物学を修めた医師である。ハルツィンクの父もそうだが、ケンペルのようにドイツ人がオランダ商館に勤務することもあったようで、同じくドイツ人のシーボルトなどは、この辺りを「山オランダ人」としてごまかしていた。

さて、ケンペルは大学卒業後、スウェーデンのペルシア派遣使節書記としてペルシア、後にオランダ東インド会社の船医となりバタヴィア(ジャカルタ)へ、というように世界各地へ赴任しており、一六九〇(元禄三)年に日本商館長オートホールン付医師として来日し一六九

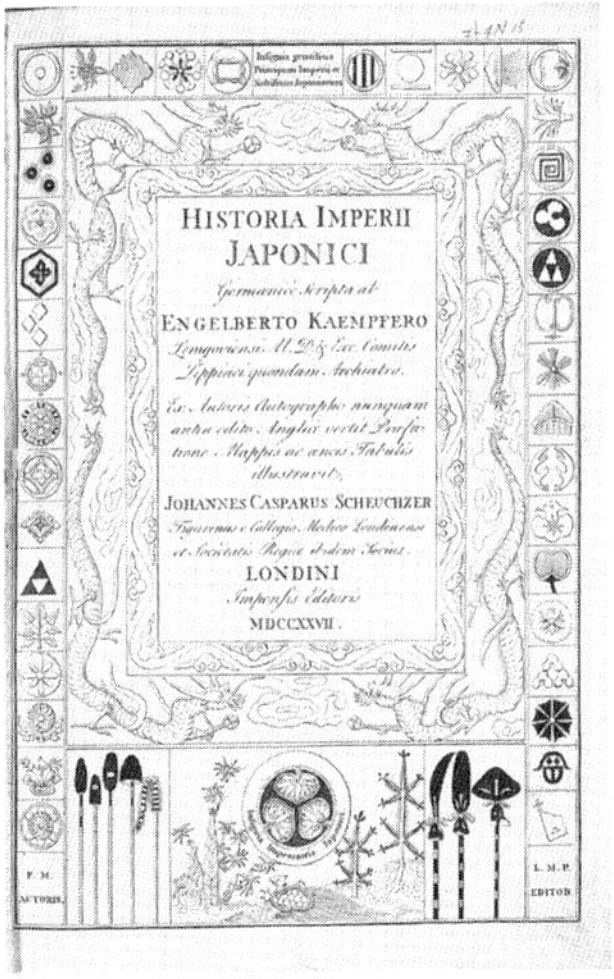

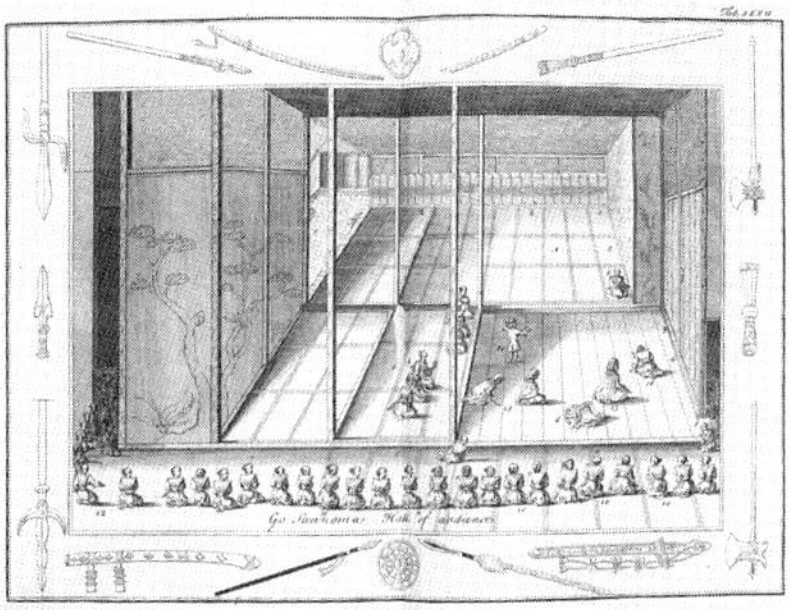

ケンペル『日本誌』　左が表紙

二年まで滞在する。この間、一六九一年と一六九二年には商館長の江戸参府に随行し徳川綱吉に謁見した。帰国後は故郷レムゴーの領主の侍医となるが、没後に日本見聞録が出版されたことにより、一挙にケンペルの名が知られることになったのである。

この日本見聞録は一般に『日本誌』（*The History of Japan*）などと訳されているが、草稿では「今日の日本」とある。最初は、一七二七年に英訳版（遺稿英訳）が刊行され、次いで一七二九年に蘭語・仏語版が、さらに一七七七年から一七七九年にかけて独語版が刊行されるなど、多くの言語で読まれていった。ちなみに、一七三三年に蘭語版が再刊されるが、これを志筑忠雄が抄訳したものが『鎖国論』であり、今日の「鎖国」

の語源となっている。

『日本誌』について

独語版の翻訳にあたる『ケンプフェル江戸参府紀行　下巻』(一九二九年)には、第六章が「ケンプフェル日本人種起源論」として訳出されており、「此国(引用者注：日本)の言語は純潔絶対にして他民族の言語と混合し同和しあるによりて、此国民が他の国民より起れりと想はる丶に足るもの更になきを認むべし」(呉秀三訳注『異国叢書　第六巻』、六〇二頁)と指摘しつつ、最終的には「此民族は即ち直接バビロン民族の中より、此島国へ抜き出たるものなること疑いなし」(同、六〇七頁)と、日本人バビロニア(シュメール)起源論を唱えている。明治時代に木村鷹太郎という人が世界文明の日本起源説を唱えたが、気宇壮大な起源論は昔から広く存在するようである。ただし、これがケンペル自身の独創に拠るのかどうかはよくわからない。というのも、『日本誌』についてはケンペル自身の草稿と刊本との間には内容の面でかなり異なっており、ケンペル独自の見解か、それとも当時の一般的な見解かどうかもあまり明瞭でないことが、今日の研究でわかっているからである。その意味で『日本誌』を絶対視したり、また『日本誌』によって当時の日本を知ろうとするには、少しばかり慎重な態度をとった方がよさそうである。それよりも、当時の西欧人が日本をどのように見ていたのか、という視点の問題を意識した方が有意義であるだろう（ちなみに、再刊本が安永・明和年間頃以降に輸入され、志筑忠雄の抄訳が出現するように、日本の蘭学者にも影響を与えている）。ともあれ、ケンペルの『日本誌』はその後も多くの影響を与え、ケンペルの名も内外ともに広く知れ渡ることになったのである。ケンペルのように医師ではなく、オランダ商館長自身が著した日本紹介は、フランソワ・カロンの『日本大王国志』（*Beschrijvinghe van het machtigh Coninckrijck Iapan* 一六四八年）などが存在するが、その後の影響という点では、やはりケンペルのものが抜きんでていた。

ドゥーフのケンペル評

もっとも、後述するオランダ商館長ドゥーフの場合、「このドイツ人医師〈ケンペル〉は、この宝物（引用者注：日本での観察記録）を自分自身の観察のように見せびらかしたのである。ここでもまた、オランダ人の功績は、外国人により影を薄くされている」（永積洋子訳『ドゥーフ日本回想録』六頁、『新異国叢書　第Ⅲ輯第十巻』所収）というように、ケンペルの業績の多くはオランダ商館長（後に東インド総督）カンプハイスのものであるとして、厳しく批判している。カンプハイスが相当詳細な資料収集を行っていたことは間違いないのだが、ボダルト＝ベイリー氏の指摘によれば、見聞録作成のためにカンプハイスがケンペルに資料を贈与した、というあたりが真相らしい。つまりは「オランダ人の功績は、外国人により影を薄くされている」

という、ドゥーフの愛国心からくる感想(思い込み?・)であったのかもしれない、ということである。剽窃《ひょうせつ》問題を扱う難しさの一端がうかがえようか。

(2) ツンベルグ

ケンペル以後も、オランダ商館には医師が常に派遣されていたが、中には大学の学長にまで上り詰めた者もいた。一七七五(安永四)年オランダ商館付医師として来日したスウェーデン人のカール・ツンベルグ(Carl Peter Thunberg 一七四三〜一八二八、ツュンベリーとも)は、帰国後の一七八一年に、ウプサラ大学の学長に就任しているのである。ツンベルグはもともと、ウプサラ大学で植物分類学の父リンネに師事していた植物学(博物学)者であり、多くの優れた著述を残している。来日中には、商館長に従い徳川家治に謁見しているが、江戸滞在中に吉雄耕牛、桂川甫周《かつらがわほしゅう》(国興)、中川淳庵といった日本人医師らを指導し、その後の蘭学普及に大きな足跡を残した。ツンベルグが一七八四年に著した『日本植物誌』(*Flora Japonica*)には、主に箱根近辺で採取された八一二種の日本植物が掲載されており、その植物標本の多くが現在でもウプサラ大学に保存されている。また、ツンベルグは一七九六年に『日本紀行』(もとは旅行記(*Resa uti Europa, Africa, Asia, Förrättad Åren 1770–1779*)で、和訳は日本滞在の部分を仏訳本から山田珠樹が訳出したもの、なお、江戸参府の部分は高橋文氏が原典から訳出したものもある)を著し、専門の植物学以外について多くの興味深い観察も行っている。「年をとつた通訳はかなり正しい和蘭語を話すものが多い。然しその語は欧州で話されるものとは、文章の構造に於いて、又発想法に於いて、非常に違つてゐて、時には想像以外の可笑しな言葉や、奇妙な云ひ廻しをすることがある。なかには全然和蘭語をよく了解してゐないものすらある。」（山田訳『異国叢書 第九巻』所収、三八頁）といった一節を読むと、本当に外国語の難しさを痛感させられるが、この悩み（悲喜劇）は永遠のテーマのようである。

ツンベルグの日本語観察

なお、ツンベルグの日本語に関する観察については、次のような文言が見られる。

日本語には欧羅巴の言語に見られるやうな二重母音がない。母音e é uがない。子音L（これはRと同じに発音する） P CHがない。母音を以つて初まる言葉は少なく、Eを以つて初まるものは一つもない。（山田訳、二七五頁）

母音に関する記述など、一体、どのような日本語を聞いていたのか、と大変疑わしくさせる一節だが、それでも、この後の箇所で「日本に外国から輸入された品物或は日本人が外国人から教へられたことは、和蘭又は葡萄牙の言葉がそのまゝ保存されている」(山田訳、二七八頁)として、タバコ、ビル(ビール)、カルタ、パン、フラスコ、コップなどが挙げられており、外来語の流入という観点からは注目すべきものでもある。また、ツンベルグは長崎通詞からキリシタン版『落葉集』を見せてもらったとも記しており、通詞たちが禁制書を秘蔵していたことがわかる。今日、ブログなどに海外旅行の記録を詳細に掲載している人を多く見かけるが、中には、それは誤解だろうという記述も見受けられる。それでも、数百年後のことを考えると、旅行記や滞在記録というのは、内容の精粗を問わず、それだけで意義深いものなのかもしれない。

(3) ドゥーフ

ドゥーフ肖像画(長崎歴史文化博物館蔵)

ケンペルやツンベルグといったオランダ商館付の医師は、いわば学者としての立場から日本語の観察を行っていたともいえるが、商館長の場合となると、話は少し違ってくる。おそらく、商館長の多くは日本語を十分に理解していなかったであろうし、日本側に通詞が存在した以上、日本語に対してもさほど関心を示さなかったものと思われる。商館長の任期はだいたい一、二年で、長くてもせいぜい数年といったところであった。そのような中、一四年間も商館長を務めたのがヘンドリック・ドゥーフ（Hencrik Doeff〈道富〉一七七七〜一八三五）である。彼は一八三三年完成の蘭和辞書『ドゥーフ・ハルマ』（*Doeff-Halma Dictionary*『道訳法児馬』、通称「長崎ハルマ」）によってその名が広く知られているが、商館長が語学の分野にまで積極的に関与した例はほとんど見られず、数えるばかりの人物しかいない。その意味でもドゥーフは稀有な商館長であった。

オランダの受難

オランダのアムステルダムに生まれたドゥーフは、一七九九（寛政一一）年にオランダ商館書記として来日した。一八〇三（享和三）年からは商館長を務めるが、在任期間中に二つの大事件が起きる。一つは一八〇八年のフェートン号事件で、もう一つは一八一一年のイギリス軍がオランダ領東インド（ジャワ）の占領である。この占領に伴い、一八一三年にはイギリス総督ラッフルズより商館の引き渡しを強要されるに至った。しかし、ドゥーフはこれを断固拒否し、幕府に対してもオランダ商館長という立場を貫いたのである。結果として、本国の苦難からとはいうものの、本来ならば一、二年の任期である商館長の職を、期せずして一四年間も務めなければならなかったが。

そもそもオランダ（ネーデルランド連邦共和国）は、一七九五年にフランスによって倒され、フランスの傀儡《かいらい》国家であるバタヴィア共和国となっていた。一七九九年にはオランダ東インド会社も解散し、イギリスがその権益を引き継ぐこととなり、さらに一八〇六年からはフランス帝国の衛星国であるホランド王国となり、一八一〇年にはついにフランス帝国に併合されてしまい、オランダという国家は存在しなくなったのである。その意味で、ドゥーフがオランダ商館長を名乗ったというのも、国際法上極めて無理のある行為であったといえる。それでもドゥーフは、アメリカ商船にオランダ国旗を掲げることによって航海の安全を図りながら、貿易を遂行した（当時のアメリカは中立国であった）。出島は、世界で唯一、本国滅亡後でもオランダ国旗が掲げられていた地でもあった。これにはドゥーフの祖国に対する思いが込められていたが、その後、オランダは再独立を果たし（ネーデルランド連合王国）、ドゥーフもその名誉を称えられ、後に最高勲章を授与されている。

ドゥーフと日本語

ドゥーフ自身は一八三三年に『日本回想録』（*Herinneringen uit Japan*）を著しているが、言語の面では、先に挙げた蘭和辞書『ドゥーフ・ハルマ』を取り上げるのが適切であろう。この辞書は、フランソワ・ハルマの蘭仏辞書を底本として、長崎通詞の中山得十郎や吉雄権之助らの協力を得て完成したものである。フランス語関係でいえば、ドゥーフは幕府の要望により、通詞にフランス語の教授も行っている。完成したものは写本で伝えられ、一八五五年には桂川甫周により刊行、さらに翌年、ウェイランドのオランダ語辞書（P. Weiland *Nederduitsch Taalkundig Woordenboek* 一七九九〜一八一一年）を参照し、増補版『和蘭字彙』として刊行された。ここまで刊行が遅れたのは幕府が西洋事情の情報流布を嫌ったからのようである。なお、日本最初の蘭和辞書は稲村三伯、宇田川玄随、岡田甫説らによる『波留麻和解（ハルマ和解）』で、一七九六（寛政六）年に完成している。『ドゥーフ・ハルマ』と同じくフランソワ・ハルマの蘭仏辞書を底本としており、こちらの方は「江戸ハルマ」とも称されている。

日本の蘭学において『波留麻和解』とともに『ドゥーフ・ハルマ』のもたらした意義は計り知れないものがあった。福沢諭吉も学んだ大坂の適塾には「ズーフ部屋」と呼ばれる一室があり、ここに置かれた『ドゥーフ・ハルマ』を用いて日夜塾生が勉学にいそしんでいたし、勝海舟は蘭方医から『ドゥーフ・ハルマ』を一〇両で借り受け、全冊を筆写したという。当然ながら、外国語学習においてこうした辞書の存在は欠かせなかった。

ドゥーフの長崎通詞評

ちなみに、ドゥーフは長崎通詞のオランダ語をどう見ていたのか。これが先のツンベルグと同様、なかなかの辛口評価なのである。『日本回想録』には「私が、日蘭両国語の対訳辞書を作成したい、という考えを抱いたのは、日本の通詞が話すオランダ語は全くひどいもので、翻訳でも多くの言葉を完全に間違った意味にとっている、という経験からである」(永積洋子訳『ドゥーフ日本回想録』二一一頁)とある。ただし、辞書編纂に際しては「私はもっとも有能な通詞と、日本語に精通している出島乙名の一人(通詞といえども、そうとは限らない)の、誠実な助けをかりた」(同、二一二頁)とあることから、ひどい通詞たちばかりではなかったはずだが、それにしても厳しい評価である。通詞が必ずしも日本語に精通しているとは限らないとは、それはそれで鋭い観察の結果であるともいえよう(たまに、恐ろしく日本語の知識に疎い日本人外国語学者に会うことがあるが、これは時代を超えての現象のようである)。

(4) ブロンホフ、フィッセル

ドゥーフの後任となったオランダ商館長は、ヤン・コック・ブロンホフ(Jan Cock Blomhoff 一七七九～一八五三)である。オランダに生まれ、後にプロイセンへ亡命、駐英軍人として活躍した彼は、どういった経緯か不明ながら、一八〇九(文化六)年にオランダ商館荷役係として来日することになる。当時の長崎はフェートン号事件の影響で大変な騒ぎであった。そもそもフェートン号事件とは、一八〇八(文化五)年にイギリス軍艦がオランダ国旗を掲げて長崎港へ入港し、オランダ商館員を拉致したというものである。ナポレオン戦争に端を発した、お馴染のヨーロッパ諸国間紛争そのものの構図ではあったが、幕府にとって、面子丸《メンツ》つぶれの事件であったことは間違いない。最終的には、商館員は解放されフェートン号も長崎港を出港することで、一応平穏に解決したのだが、著しく名誉を傷つけられた責任を負って長崎奉行は切腹、湾内警備の任にあった鍋島藩からも多くの切腹者を出す結果となった。幕府はこの一件からイギリスに関する情報収集の必要性を痛感し、通詞の英語習得を決定するのだが、ここでブロンホフの元軍人という経歴が役立つことになる。ドゥーフは英語ができるブロンホフを英語教師として推薦したのである。ブロンホフは日本最初の本格的な英語教師ということになろう。この時に英語を学んだ長崎通詞本木庄左衛門らは、日本最初の英和辞書『諳厄利亜語林大成《あんげりあごりんたいせい》』を一八一四(文化一一)年に完成させている。その後、ブロンホフはオランダへ帰国するが、一八一八年に商館長として家族とともに再来日する(ただし、幕府は最後まで家族の入国を認めなかった)。ドゥーフと並び、十数年間も日本に滞在したオランダ商館員は、やはり稀有な存在であった。

フィッセルの『日本風俗備考』

さて、このブロンホフの下で働いていた一等事務官(後に荷倉役へ昇進)に、フィッセル(Johan

『日本風俗備考』(左，国立国会図書館蔵)と原著(右)

Frederik van Overmeer Fisscher 一八〇〇～一八四八)という人物がいる。彼は一八二〇(文政三)年に来日し一八二九年まで長崎オランダ商館で任務についていた。帰国後の一八三三年、アムステルダムで見聞録(*Bijdrage tot de kennis van het Japansche Rijk*)を出版し、日本を紹介することによって彼の名は一躍有名になった。このフィッセルの見聞録は幕府も注目するところとなり、後に幕府天文方の監修のもと、杉田成卿らの手により、ハン・オフルメエル・ヒスセル著『日本風俗備考』として全訳されるに至った。この『日本風俗備考』は原著の挿画もそのまま写してあるため、どことなく西洋画を日本画にしたようなおかしさが感じられ(といっても、挿画の元は日本画であったはずで、正しい日本画に直したというべきだろうが）、見ていて楽しい写本である。この『日本風俗備考』の中でフィッセルは鋭い日本語論を展開しており、今日においても極めて傾聴に値する見解を述べている。言語に関する言及も多岐にわたり、日本人のオランダ語能力についても、フィッセルの場合は「オランダ語に関する限り、通詞たちとわれわれの交流が少い割合には、オランダ語を根本的に理解し、会話はともかくとしても、オランダ語のよくできる人がたくさんいるということだけは認めねばならない」（庄司三男・沼田次郎訳、一四七頁）と高い評価を与えている。ただ「彼らは、大抵RとLの発音、またHとBの発音を間違えている」（同頁）という指摘については、今も昔も変わらない半ば運命的な現象といえよう。

フィッセルの漢字観

ところで、日本人の漢字使用についてフィッセルは、次のように極めて否定的な見解を述べている。

ただ科学的な、または文学的な著述にのみ採用されている中国人の象形文字は、混乱を惹起し、それは日本人の天性の聡明と才能を麻痺同様の状態にしてしまい、彼らの観念を空想的な仕組の迷路の中で混乱させてしまっている。そのため彼らの詩や物語や彼らのいわゆる哲学は、その根拠においても、また成果においても支持されることなく、少しも利益をももたらさない（以下略）　（同、一三三頁）

杉田成卿は、この箇所を「古代の史記及び学術も、皆虚妄にして原づく所なく」と訳しているが、いずれにせよ、漢字は毒であるとでもいったような口吻がうかがえる。こうした文字観の背景には、当時のヨーロッパにおける東洋学の発展と、そこで形成された中国（漢字）観が大いに関係していると思われるが、フィッセルの場合、現に日本に滞在し、（確かに限定的ではあるが）日本人との交流が存在した中での見解である分、一種独特の訴求力を持っている。「日本人が十分に習得している文字はせいぜい五百から二千が限度である」（同頁）と、これまた極めて鋭い観察もなされており、日本語（日本人）にとっての漢字というテーマを考える上で、決して無視することのできない視点を示しているともいえるだろう。

また『日本風俗備考』には、日本語構文法（Japansche Woordvoegingen）として、簡単な日本語会話も掲載されている。ここでは「**Watakfs wa anata wo mien de atta.**（私〈わたくす〉はあなたを見えんであった。）」という感じの少し変わった例文も含まれているが、「**Watakfs wa soer koto ga nakka.**（私はすることがなか。）」といった方言色豊かなものもあり、極めて興味深い。

ただし、フィッセルの見聞録がアムステルダムで刊行される前年には、それ以上に大きな影響を与えた日本に関する専門書（その名も『日本』）が出版されていた。著者は日本でも大変お馴染のシーボルトである。

(5) シーボルト

江戸時代に来日した外国人の中で、もっとも有名な人物を挙げようとすれば、間違いなくシーボルト（Philipp Franz Balthasar von Siebold 一七九六〜一八六六）はその候補者の一人である。ドイツの名家に生まれたシーボルトは、一八二三（文政六）年、オランダ商館付医師として来日することになるが、ドイツ人であることを隠して「山オランダ人」などと称して入国したことは、先に紹介した通りである。ケンペルとツンベルグ、そしてシーボルトの三人を総称して「出島三学者」などと呼ぶこともあるが、彼らが全員オランダ人でないとはご愛敬である（オランダの愛国者ドゥーフであれば、これら三人の取り上げ方は絶対許せないところであっただろう）。

シーボルト肖像写真（シーボルト記念館蔵）

シーボルトと『日本』

シーボルトは翌年、長崎に鳴滝塾を開設し診療と教育とに従事する。この鳴滝塾で学んだ俊英たちは、その後の蘭学を牽引する重要な存在となっていくが、一八二九（文政一二）年、いわゆる「シーボルト事件」によって彼は日本を追放されてしまう。なお、日本地図の海外持出嫌疑が発端となり、一連の流れの中で幕府天文方・書物奉行の高橋景保が獄死するというこの事件には、今でもよくわからないところが多く残っている。そもそも地図持ち出しの禁制を知っていたはずのシーボルトが、なぜ危険を冒してまでそのような行為に及んだのか、よくわからない。知的好奇心が旺盛であったからといえばそれまでだが、実はスパイ（内情探索）だったのではないかという説まである。このことは、オランダ商館の人々が何を日本に求め、何を知ろうとしていたのかということとも大きく関わってくるだろう。シーボルトは帰国の後、オランダ政府の後援のもと、『日本』（*Nippon*）を刊行する。正式名称は『「日本」日本とその隣国、保護国―蝦夷・南千島列島・樺太・朝鮮・琉球列島―の記録集。日本とヨーロッパの文書および自己の観察による』（原著はドイツ語、中井晶夫氏他訳の邦訳題による）で、一八三二年から一八五一年にわたって二〇分冊（図録を含む）としてオランダで刊行された大著である。本書を見れば、当時の西欧人が何に興味を示し、何を知りたがっていたのかがよくわかる。異国趣味的な側面も多分に含まれ、中には大きな誤解も存在するが、極めて精緻な情報収集と分析を行ったシーボルトの才能には、本当に感服させられるばかりである。

シーボルトと日本語

ただし『日本』を通覧してみてみると、「日本語」そのものに関する言及がそれほど多くないことに気づかされる。シーボルト自身は一八二六年に「日本語要略」（'Epitome linguae japonicae'）という論文を『バタヴィア学芸協会誌』に発表しているが、さほどの新味のないもので、あの学識高いシーボルトにしては、と思わされるものである。また、『日本』の「民族文化の発展と歴史」には「多くの日本の学者たちの意見では、神武の祖先たちはすでに文字を知っており、現在まで残るその証拠が挙げられるという」（中井晶夫氏他訳、五頁）という記述がある。これは、おそらく神代文字のことを指しているものと思われるが、シーボルト自身はこれを伝聞にのみとどめていて、その真偽の程には触れていない。ヨーロッパの日本学者の中には、シーボルトの日本論を徹底的に批判する者もいたが、その多くの場合は、言語や人種論に関する議論においてであった。実際のところ、日本語そのものについては、『日本』増補にも加わった助手ホフマンの方が大変優れた研究を行っており、むしろ包括的な「日本学」としてシーボルトの業績を理解した方がよいだろう。なお、ホフマンについては次章で触れることにしたい。

ところで、シーボルトはオランダとの国交樹立後の一八五九(安政六)年に再来日し、後に幕府外事顧問を務めることや、日本人妻楠本滝との間には娘の楠本イネ(石井宗謙に師事した日本最初の女医)がいたことなどは、すでにシーボルト関係の蘊蓄話で大変有名なため、ここではもう繰り返さないでおこう(こちらの方が興味深い、とされると本書の意図から離れてしまって心苦しいところだが)。

3　オランダ商館長から外交官へ

一六〇九年に初めて平戸へ赴任したヤックス・スペックス以来、一六六代を数えたオランダ商館長という役職も、日本の開国によって終わりを告げることになる。そして、オランダ商館長の任務は、和親条約や修好通商条約の締結によって、外交官が担うことになったのである。最後の商館長ドンケル・クルチウス(Jan Hendrik Donker Curtius　一八一三〜一八七九)は、開国後のオランダ最初の駐日外交官でもある。バタヴィア高等法院評定官、高等軍事法院議官を経て一八五二(嘉永五)年に来日したクルチウスは、法務官僚としても外交官としても極めて有能であった。幕府は一六四〇(寛永一七)年以来、「オランダ風説書」と呼ばれる報告書をオランダ商館長に提出させていたが、これとは別に一八四〇年からは、「別段風説書」というバタヴィア植民地政庁作成の報告書も提出されることになった。クルチウスはこの「別段風説書」の中で、アメリカによる強烈な開国要求の可能性に触れ、先手を打ってオランダと開国すべきと進言している。結果は、クルチウスの進言もむなしく、ペリーの来航による砲艦外交が現実のものとなり、最終的には幕府の崩壊をもたらす不平等条約の締結へとつながっていくのである。ただ、外交官というのは極めて冷静な判断を下すもので、一八五五(安政二)年には駐日オランダ理事官を兼務し、アメリカなどと外交関係上の歩調を合わせるようになる。一八五八(安政五)年の日米修好通商条約締結の一九日後には、日米のものとほぼ同内容の日蘭修好通商条約を締結し、オランダとの自由貿易を実現させたのである。こう見ると極めて怜悧でしたたかな人物にもみられようが、幕府の近代的海軍創設のためにペルス・ライケンやカッテンディーケといった海軍教官の来日招聘にも尽力している。勝海舟の建言を受けて、幕府は一八六四(元治元)年に神戸海軍操練所を創設したが、勝に海軍教育を施したのは、このカッテンディーケである。戊辰(箱館)戦争で五稜郭に立てこもった榎本武揚もカッテンディーケに師事し、オランダに留学までしている。また、カッテンディーケの選任により一八五七(安政四)年に来日し、長崎奉行所内の医学伝習所で医学を講じたポンペは、日本近代医学の父としてその名を今日にとどめている。

クルチウスの日本語研究

さて、一八五六年、オランダの日本学者ホフマンのもとに、クルチウスのまとめた日本語研究の草稿が、植民地政庁長官から送られた。クルチウスは長崎通詞名村八右衛門の協力によって、自身の観察した日本語についての考察を進め、文法に関する試論をまとめたのである。言語研究に関してほとんど縁のなかったクルチウスが、わずか数年の滞在期間内に日本語文法研究を行っていたというのも驚くべきことであろう。人格識見ともに申し分ない、とは赴任先での紹介における常套文句だが、クルチウスの場合は本当にそのような人物であったといえようか。この稿本は一八五七年、ホフマンの補訂によって『日本語文典例証（日本文法稿本）』（*Proeve eener Japansche Spraakkunst*）として刊行された。ホフマンについては次章で触れるが、クルチウスの稿本自体、ホフマンの眼には相当粗いものに映ったらしく、刊行本では至るところに加筆がなされ、ホフマンの私見（という以上に痛烈な先行研究批判）が多分に含まれている。

『日本語文典例証』は緒論と一〇章から成っており、名詞、形容詞（数詞を含む）、代名詞、動詞、副詞、接尾辞、接続詞、間投詞の八品詞を挙げ、最後に疑問法について言及がなされている（品詞名は三澤光博訳による）。試みに名詞の説明箇所を引いてみる。

名詞は性を表わさない。

名詞は数を表わす形を持たない。

総ての名詞の前にO（ヲ）を、置くことができる。これは丁寧を貴ぶところから行なわれるもので、自分より上位の者に対して物を言う時は常に、その上位の人に属する事物の総ての名前の前に加えるのである。

（三澤光博訳、三五頁〜より構成）


大きくはキリシタン宣教師の文法論と大差のない記述のようである。ただし、最後の部分は丁寧語の「お」の話だが、続いて「役人たちは、この首都に就いて話す時、お互いに〝お江戸〟というのが普通である」（同、三七頁）といった記述も見え、外交官ならではの観察もうかがえる。ホフマンはこの点について、オランダのハーグも「'sGravenhage（伯爵の草原）」と荘厳に言うことがあるのと同様だと、いささか衒学的な注を加えている。

クルチウスの文法論は、大枠においてキリシタン宣教師やオランダ商館の人々が共有していたものと同種のものと位置付けられようが、クルチウス自身が目や耳にした日本語を多くの例文に反映させていることは、注目に値するものである。間投詞の箇所は「Ajama, おお！　Aita, おお！（痛みを感じた時）あい！　Misonage, おおかわいそうに！——婦人に用いられるだけである。Kawaiso, おお、かわいそうに。——男子に用いられるだけである」（三澤訳、二七六頁)と記述されているが、ここには長崎方言の「みぞげ」(かわいそう)も含まれている。疑問法には「Joka de wa naka ka(ヨカデハナカカ?)」などの例文が見られる。

見聞録の面白さ

オランダ商館の人々が見た日本語は、精粗の差はあれ、現実に見聞した日本語、という点で、大きな意味を持っていた。啓蒙主義や異国趣味といった、当時のヨーロッパにおいて支配的であった対外観の枠組みから脱しきれていない点は否定できないが、極めて限られた人物しか足を踏み入れることができなかった日本(正確には長崎や江戸などに限られるが)での体験は、それだけでも貴重であるといえるだろう。時代や状況も全く異なり、比較など論外であるというお叱りを承知の上での感想だが、本章で取り上げた著述を見ていると、中尾佐助の『秘境ブータン』(一九五九年、現在は岩波現代文庫所収)を初めて読んだときを思い出す。ほとんど鎖国状態であったブータンに、国王からの招待で入国した中尾佐助がまとめた現地報告であるが、鋭い観察眼と巧みな筆致でぐいぐいと引き込まれる名著である。博物誌や見聞録、体験記といったものほど、筆者の人間性が現れるものはないのかもしれない。文は人なり、であろう。さすがは博物学者ビュフォンの言である。

第四章　ヨーロッパの日本学者たち

「複雑な、時には曖昧と思われる日本語の文字」
（ホフマン『日本文典』）

長崎のオランダ商館を経由して、西洋にもたらされた日本の情報は、清国からのものと合わせて、異国情緒をかき立てるのに最もふさわしいものであった。陶器がチャイナと呼ばれたように、漆器がジャパンと名付けられた時代、西洋と日本は、魅惑的な遠近感の中に存在していたのである。

西洋にとっての東洋(日本)

そもそも、西洋にとって東洋は、常に魅惑的な地域であったといってよい。西洋における東洋観の政治性を指摘したサイードの『オリエンタリズム』(*Orientalism*)のいう「オリエンタリズム」の本来の意味が、まさしく「東洋趣味」であるように、東洋は好奇心と憧憬によって語られ続けたのである。当然ながら、そこには偏見や差別意識、さらには強烈なまでの支配構造が見え隠れしているのだが、そうした視点の形成に一役買いながらも、本人の中では、あくまでも東洋を愛してやまない、といった人物も多く存在した。いわゆる東洋学(中国学、日本学)者とされる人々である。

西洋の東洋学は、西アジアのイスラム社会・文化圏研究から始まった。これがだんだん東へと進んでいき、インドの研究、そして中国・朝鮮、最後に「極東」の日本研究へと発展していった。その意味で日本研究は、西洋の東洋学において比較的新しい分野ということになる。海外との接触を極力避けた政治的立場と、西洋からみれば本当に「極東」となる地理的特性からすれば、当然の結果ともいえよう。それでも、一六世紀後半のキリシタン宣教師や、一七世紀以降のオランダからの情報をもとに、日本に対するイメージは徐々に形成され、ついには東洋学でも「日本学(ジャパノロジー)」と称される研究分野を確立させるに至るのである。一八五五年には、オランダのライデン大学で日本学が正式な学科として位置付けられ、以後、西洋の主要国で日本学が講じられていくことになる。

日本学の担い手

ここで、日本学の担い手について見ていくと、(1)戦国・安土桃山時代のキリシタン宣教師や、幕末・明治以降に布教活動のために来日した宗教関係者、(2)大学の東洋(日本)学講座教授などのように、研究に専心した純粋な意味での研究者、そして(3)日本との通商や外交に関わった官僚(特に外交官)、といったタイプに分けられる。ただし、学問としての体系を持ち得るようになるのは一九世紀に入ってからのことであるため、キリシタン宣教師を日本学者と呼ぶには少し問題があるかもしれない。また、オランダ商館に勤務した人々のように、帰国後、日本に関する研究者として活躍する場合もあり、また逆に、研究者としての能力を評価されて外交官に抜擢される例もある。それゆえに、これらのタイプを決して明確に分けることはできないが(当然ながら宗教系学校の場合、研究者の多くは宗教関係者であろう)、それでも多くの日本学者はこれらのタイプのいずれかに該当するといえよう。現在でも、その地域の専門家とされる者の多くは、大学等の研究者か外交官、宗教関係者とみてよい。

こうした日本学者の所説は、西洋において形成された東洋観と不可分な関係にある。日本語に対する見方についても、そうした見方の根底にあるものは何であるのかをふまえておかなければ、時に大変奇異に思える主張の意味が十分理解できなくなる。本章では、そうした西洋(ヨーロッパ)における日本学の誕生に関係した学者たちについて見ていきたい。

1 ヨーロッパのアジア研究と日本学の誕生

ナポレオンのエジプト遠征によって、ロゼッタ・ストーンがヨーロッパに持ち込まれた。ここに書かれたヒエログリフは、一八二二年にフランスの天才言語学者ジャン=フランソワ・シャンポリオンによって解読される。このことから一八二二年はエジプト学成立の年とされるが、この時期はエジプト学のみならず、ヨーロッパにおいて本格的な東洋学が相次いで成立していった頃でもある。中国研究の分野では、フランスのアベル・レミュザ、ユリウス・クラプロートという両巨頭が活躍した時代にあたる。クラプロートはドイツ人であったが、後半生のほとんどをパリで過ごし、フランス東洋学の発展に深く貢献した。また一八三〇年代になると、前章で触れたシーボルトやフィッセルらによって本格的な日本紹介がなされ、ケンペルやツンベルグらの段階とは異なる、より精緻な「学」としての日本研究がなされるようになった。これが日本学の成立へとつながっていくのだが、これが可能となったのは、中国学やオリエント学(エジプト学)といった東洋学という素地が十分に展開していたからに他ならない。

東洋学の成立

ヨーロッパでの東洋学の成立は、一八一四年にレミュザがコレージュ・ド・フランスの中国語・中国文学(正確には「中国及韃靼満州語言文学講座」)教授に就任したことから語られることが多い(この辺りについては石田幹之助の『欧米に於ける支那研究』(創元社)に詳しく、一九四二(昭和一七)年の刊行にもかかわらず現在でもよく参照されている)。国王侍医の息子として生まれたレミュザは、弱冠二六歳で教授の座に就いている。こういうと、全くもって順風満帆の人生かと思えるが、一七歳で父を亡くし、生計のため家業の医学を修めなければならず、医学の勉強の傍ら独習で中国語を学んだという。ある種、天賦の語学的才能に恵まれていたのだろう。ただ、天才の宿命か一八三二年にコレラにより四四歳で急逝する。シャンポリオンも同年にコレラで急逝しているというから、天才の悲劇は共通している。

さて、レミュザやクラプロートの他にも、スタニスラフ・ジュリアン(コレージュ・ド・フランスにおけるレミュザの後任)といった高名な東洋学者が活躍する中、一八二三年にはパリでアジア協会(Société Asiatique)が創立され、学会誌も発刊されるようになる。こうしたことが契機となり、東洋の一部である日本もその研究対象となり、ひいては「日本学」としての研究領域を形成するに至った。ただしこれは日本からの豊富な情報があってこそのものである。シーボルトの帰国と東洋学研究の下地がうまく重なり合う中で「日本学」は成立していったといえよう。実際、朝鮮半島事情については、日本以上に排外政策をとっていたため、その情報量の少なさから研究対象も限定的なものであった。

ヨーロッパにおける東洋研究は当初、啓蒙主義時代の精神を反映して、極めて理想的な姿で語られることが多かった。一七世紀のライプニッツの著述などを見てみると、どこの国のことを言っているのかと思えるほど開明的な国家として中国が称賛されている。これが一八世紀になると逆に停滞論が盛んになり、例えば中国に対する見方では、専制国家で前近代的であるなどといった批判が多くなる。こうした流れを受けて、一九世紀の東洋学は、いわば実証的な研究手法を重視した学として、その存在意義を高めることになったのである。帝国主義的、植民地主義的思想からは免れていないにせよ、実際の見聞や豊富な資料をもとにした分析は、自ずと所論を精緻にしていくものである。結果として、クラプロートやレミュザ、ジュリアンの後にも、中国学の分野ではシャヴァンヌ（史記研究）、ペリオ（敦煌学）、マスペロ（道教研究）、グラネ（詩経研究）といった多くの優れた学者を輩出することになる。

それでは、日本学の分野ではどのような人物が輩出したか。これについて、以下、ヨーロッパの主要国ごとに見ていくことにしたい。

2　オランダの日本学者　ホフマン

西洋において、真の意味での日本学の始祖は誰か。こう問われた場合、おそらく異論なく受け入れられる人物は、オランダの碩学ヨハン・ヨーゼフ・ホフマン（Johann Joseph Hoffmann 一八〇五〜一八七八）であろう。シーボルトの助手としても知られているホフマンは、世界で最初に「日本学」講座が設置されたオランダのライデン大学に初代教授として招かれているからである。学問の成立が研究・教育機関の展開と不可分である以上、どうしても大学といった高等教育機関に所属した研究者にのみ注目され、民間や在野の学者は忘れられがちである。

それでも、ヨーロッパの日本学に限っては、ライデン大学教授のホフマンを始祖としてほぼ間違いない。それほど、彼の業績は抜きんでているものといえる。

ホフマンはドイツのビュルツブルクに生まれた。ドイツという点ではシーボルトと同じだが、ヨーロッパの場合、出生国と活躍した国家と異なることが大変多い。また興味深いのは、言語研究の場合、自国語以上に外国語研究の方がよく知られている、ということが見受けられる点である。例えば、ネクサス研究で有名な英語学者オットー・イェスペルセンは、デンマーク出身でコペンハーゲン大学教授を務めているし、英文法研究の分野ではイェスペルセンと並んで高く評価される、クロイズィンハやポウツマもオランダ人である。

シーボルトとの出会い

さて、ホフマンは高等専門学校卒業後、劇場歌手としてヨーロッパ各地を回っている。一般的な学者が歩む道とは程遠い経歴である。普通はギムナジウム(高等学校)から大学というコースになるところを、彼は劇場歌手として活躍するのである。ところが、この劇場歌手として一八三〇年にベルギーのアントワープを訪れた際に、シーボルトとそれこそ「劇的」な出会いをする。とある日の夕刻、彼はホテルの一角で、東洋での見聞をドイツ語で話す一人の人物に出会う。その人物の訛りから同郷ではないかと思った彼は、前から抱いていた東洋に対する好奇心から、恐る恐る尋ねてみた。「日本においでだったというのでしたら、シーボルト博士は御存じで？」「それはこの私だよ」。以後ホフマンは、シーボルトの助手として『日本』の編集・刊行に協力するのである。

一八四六年になってホフマンはようやく独立し、オランダ植民省翻訳局に勤務、日本以外に中国の研究にも着手することとなった。この人事にはフランスの東洋学者ジュリアンが絡んでいたようだが、ホフマンの名はその頃、各国に知れ渡っていたことの証左でもあろう。そうして、ついに一八五五年、オランダのライデン大学初代日本学教授に着任することになり、西洋において本格的な「日本学」が成立するのである。一八五四年の日米・日英・日露和親条約(下田条約)締結の際にはオランダが含まれず、オランダ商館長のクルチウスが奔走したことは前章で触れたが、こうした政治的な背景がオランダに日本学講座を設置させる契機となったのかもしれない。

ホフマンと日本人

一八五八年に日米・日英・日仏・日露・日蘭修好通商条約(安政五カ国条約)が締結されると、幕府の留学生がアメリカやヨーロッパへ派遣されるようになり、結果として、それまで一度も日本人と面識のなかった日本学者にも、ようやく生の日本語を聞く機会が与えられること

ホフマン肖像

となった。一八六二年、ホフマンはパリで福沢諭吉ら幕府一行と面会しているが、どうもその際は筆談による会談であったらしい。一八六三年には西周助（西周）ら留学生が来訪することで、多くの知見を得るところとなり、後述する『日本文典』（三澤訳では『日本語文典』）の刊行へとつながっていく。一八七八年にホフマンは亡くなるが、結局彼は終世日本の地に触れることがなかった。ちなみに、関口存男という日本のドイツ語学者は、ドイツを一度も訪れることなく『冠詞』などの大著を残しており、そのドイツ語力は日本人離れしたものであったという。関口は新劇の舞台を踏んだことがあり、俳優として無声映画にも出演している。留学経験の有無と語学の才能とはあまり関係がないかもしれないが、音楽や演劇とは意外と縁が深そうである。

ホフマンの日本語研究

ホフマンの日本語に関する業績については、以下のものが挙げられる。

（一八五七年　『日本文法稿本』（*Proeve eener Japansche Spraakkunst*））　クルチウスの稿本を補訂

一八六〇年　『漢字のカタログ』（*Catalogus van Chineesche matrijzen en Drukletters*）

一八六一年　『蘭英和商用対話集』（*Winkelgesprekken in het Hollandsch, Engelsch en Japansch*）

一八六七～六八年　『日本文典』蘭語版（*Japansche Spraakleer*）

一八六七～六八年　『日本文典』英語版（*A Japanese Grammar*）　一八七六年に再版

一八七七年　『日本文典』独語版（*Japanische Sprachlehre*）

一八八一年　『日蘭辞典』（*Japansch-Nederlandsch Woordenboek*）、『日英辞典』（*Japanese-English Dictionary*）「A」「O」の部　没後刊行

一八九二年　『日蘭辞典』、『日英辞典』「B」の部　没後刊行（未完）

『蘭英和商用対話集』は、長崎版『和英商賈対話集　初編』（一八五九（安政六）年刊）の影響（初版、再版）が知られているが、冒頭は「Welkom wellcome よく御出」となっている。福沢諭吉一行がロッテルダムに到着した際、歓迎の席の庭には「よく御出」と書かれた旗が飾ってあったという。「熱烈的大歓迎」の世界だが、「よく御出」もなかなか味があって面白い。

ホフマンの画期的な業績は、何といっても『日本文典』である。執筆には数多くの日本の書籍を参考にしており、『先代旧事本紀』『古事記』『日本書紀』『風土記』『三代格式』『日本

王代一覧』(一八三一年に仏訳)といった日本古典(史書)、『和名抄』『倭訓栞』『和漢三才図会』『頭書増補訓蒙図彙(大成)』『雑字類編』『雅俗幼学新書』『和漢音釈書言字考節用集』などの古辞書、果ては『訳鍵』『蛮語箋』『改正増補蛮語箋』などの蘭学書まで利用されている。この『日本文典』はオランダ語版の他にも英語版やドイツ語版も出版され、大いに普及した文法書である。ただし、上に挙げた書名から見てもわかる通り、扱われた日本語は古典文献に含まれるものがほとんどで、口語文法や会話を主としたものとは大きく異なっている。また、古典について見れば、明治以降の史料批判によってあまり用いられなくなった『先代旧事本紀』が含まれているというのも、少しばかり旧式に映るところではある。こういった点が、新しく見える日本語研究、例えば幕末・明治期の外交官や宣教師による日本語研究などとの違いであり、ホフマンの画期的な業績も、とりわけ口語文法研究の分野に関しては、ほどなくアストン、サトウ、チェンバレンらの研究に取って代わられてしまうのである。この点についてては次章で触れることにしたい。

それでも、話を『日本文典』に戻せば、要所要所でホフマンによる鋭い分析がなされており、研究史的に見れば、その後に与えた影響は計り知れないほど大きいものがある。ここでその全てを見ていくことはできないが、興味深い指摘について二、三、取り上げてみたい。

音声・文字の研究

音声に関する研究については、実際に日本人の声を聞いたことのないホフマンにとって、大変困難なものであったが、先に触れたように一八六二年の日本人との面会以降、劇的な展開がもたらされた。話し手となった日本人は、おそらくホフマンの質問攻めにあったのではないかと思われるが、研究の進展にとっては致し方ないといったところだろうか。この点について『日本文典』には、次のような記述が見える。

本書はまた、話し言葉に就いての著者の観察をも含んでいる。これは、著者が一八六二年以来、仏国、英国、特に和蘭において日本人と交際した事が、この観察をなす幾多の機会を与えたのであるが、この機会は著者に取って貴重であった。というのは、著者はこれに依って、日本の最も教養あり学問ある人達ばかりでなく、下層の人達とも交際できたからである。著者は未だ実際に日本の土を踏んだことはないのであるが、話し言葉を観察の範囲に加え、これを書き言葉と関係づけて取り扱うのが正しいと考えたのである。

（三澤光博訳「緒言」Ⅹ頁）

具体的な発音は、大川喜太郎や榎本釜次郎らのものを聞きとったようである。大川は鍛工

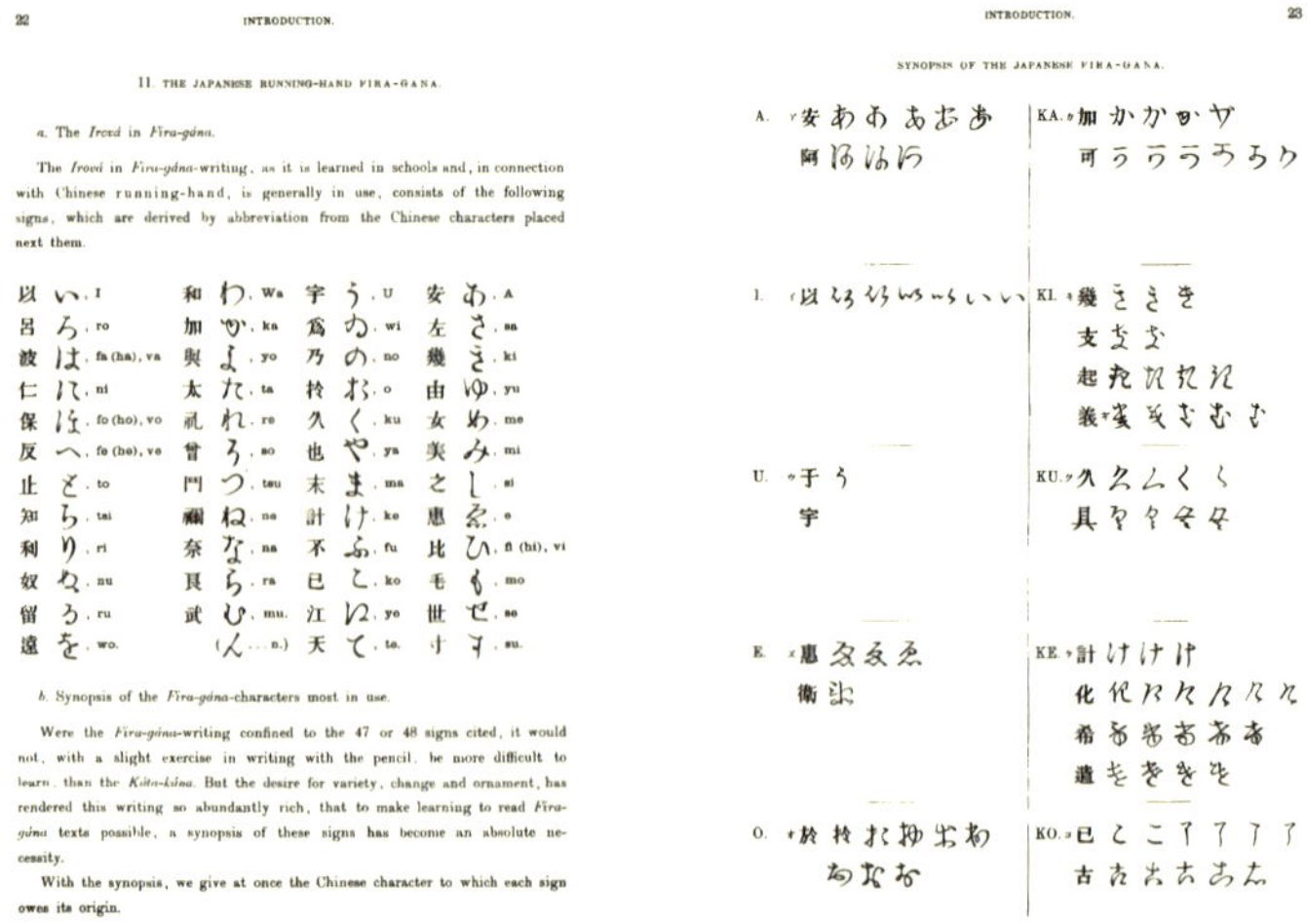

22 INTRODUCTION.

11. THE JAPANESE RUNNING-HAND FIRA-GANA.

a. The *Irovà* in *Fira-gána.*

The *Irovà* in *Fira-gána*-writing, as it is learned in schools and, in connection with Chinese running-hand, is generally in use, consists of the following signs, which are derived by abbreviation from the Chinese characters placed next them.

以 い, I	和 わ, Wa	宇 う, U	安 あ, A
呂 ろ, ro	加 か, ka	爲 ゐ, wi	左 さ, sa
波 は, fa (ha), va	與 よ, yo	乃 の, no	幾 き, ki
仁 に, ni	太 た, ta	於 お, o	由 ゆ, yu
保 ほ, fo (ho), vo	礼 れ, re	久 く, ku	女 め, me
反 へ, fe (he), ve	曾 そ, so	也 や, ya	美 み, mi
止 と, to	門 つ, tsu	末 ま, ma	之 し, si
知 ち, tsi	禰 ね, ne	計 け, ke	恵 ゑ, e
利 り, ri	奈 な, na	不 ふ, fu	比 ひ, fi (hi), vi
奴 ぬ, nu	良 ら, ra	已 こ, ko	毛 も, mo
留 る, ru	武 む, mu.	江 え, ye	世 せ, se
遠 を, wo.	(ん … n.)	天 て, te.	寸 す, su.

b. Synopsis of the *Fira-gána*-characters most in use.

Were the *Fira-gána*-writing confined to the 47 or 48 signs cited, it would not, with a slight exercise in writing with the pencil, be more difficult to learn, than the *Kàta-kàna*. But the desire for variety, change and ornament, has rendered this writing so abundantly rich, that to make learning to read *Fira-gána* texts possible, a synopsis of these signs has become an absolute necessity.

With the synopsis, we give at once the Chinese character to which each sign owes its origin.

INTRODUCTION. 23

SYNOPSIS OF THE JAPANESE FIRA-GANA.

ホフマン『日本文典』(英語版)

（職方）であったが、一八六五年にアムステルダムで客死してしまう（現在でも彼の下宿が残っているそうである）。榎本とは、帰国後幕臣として活躍し、五稜郭で官軍と戦った榎本武揚のことである。大川や榎本の協力によって、ホフマンは日本語の子音について次のような観察・記述を行っている。

f(h), v. *Miyako* では日本語が一番純粋に話されているが、その都の言葉、また讃岐の方言では *h* を排除して、*f* と発音している。私はこの事実を、都と讃岐に数年間過ごした江戸生まれの人（原註：大川喜太郎）に依って確めたが、もう一人の江戸生まれの人（原註：榎本釜次郎）は私に、仙台地方及び東北地方では、やはり、*h*

と発音しないで、*f*と発音することを知らせて呉れた。

（同「緒論」一八頁）

g. 東部日本の方言、特に江戸方言では、この*g*は、高独語 lang、英語 Singing などの *ng* の音を持っている。この音は明らかに濁音で、*k*の有声破裂子音ではない、だから江戸では、ガ、ギ、グ、ゲ、ゴ、の一連の音は、*nga*、*ngi*、*ngu*、*nge*、*ngo*と発音される。

（同「緒論」一五頁）

r. この*l*もまた日本人の口には稀な音で、日本人は*l*を表わす適当な文字を採用する代わりに、欧州の言語を日本文字に書き改めなければならない時はいつも、余り発音した事のないこの*l*を、*r*と等価値なものとし、彼等の発音する*r*を以て、*l*と*r*との二音を表わした。これは誤りであり、（この誤りの為に、彼等は外国語を書く時、*r*と*l*とを取り違え、永くこの混同の支配を受けなければならなかった。）

（同「緒論」二〇～二一頁）

lとrの苦悩

ハ行音やガ行鼻濁音はよいとして、またしてもlとrである。日本人の耳と口では、いつでもどこでも、この二音の区別ができないものらしい。中国語や韓国語の母語話者にとっては、日本語の清濁の区別が困難であることが日本語教育の現場でよく指摘されるが、それ以上に日本人のlとrについては、古くから世界的に知れ渡っていたようである。

音声の記述に続いては、キリシタン宣教師以来いわばお約束のように指摘される、日本語の書記システムの複雑さについて触れられている。ホフマンは「複雑な、時には曖昧と思われる日本語の文字は、日本語で成長しなかった者に取って、日本語それ自身を学ぶよりもなお困難を来たす誘因となることがある」(同「緒論」一六頁)と述べているが、これには「音節の書き方が不完全であるという点から言えば、日本人は欧州諸国に立ち遅れているのみならず、アジアの外の国民にも立ち遅れている。日本人の隣人である朝鮮の人達でさえ、支那人から借用しないで彼等の間に生まれた簡単な文字を持っている事を喜んでいる」(同)というように、表音文字に優位性をみる西洋的な文字観が色濃く反映している。明治以降の国語施策のほとんどが文字に関するものであったことは、近代化がすなわち西洋化であった日本にとって、必然的であったともいえるのである。

文法の研究

『日本文典』の構成は「緒論/品詞論、語の本質と語形変化/追補」からなっており、当然ながら中心となるのは品詞論の記述である。品詞分類は「名詞、代名詞、形容詞、数詞、副詞、関係を表現する語（後置詞）、動詞、接続詞」の八品詞からなっているが、詳細について見ていけば、ラテン語文法の影響が強い、キリシタン宣教師の日本語文法書などと比較してみても、多くの箇所で日本語の文法体系を適切にまとめようと努力している点がうかがえる。ただし、やはり文語に比重が置かれていた分、現代からみれば少しばかり旧式に映る印象は否めない。例えば、ホフマンは名詞に関して以下の格を認めているが、口語文法で重要なテーマの一つである「ハ」と「ガ」の相違などに対しては、後述するアメリカの宣教師ブラウンの『日本語会話』（一八六三年）の記述をそのまま引用しているだけで、結果として主格の「ガ」については「助詞なし」として処理されている。

主格（主語）および呼格　　助詞なし
対格（直接目的語）　　ヲ
属格　　ガ
質の属格　　ノ、ナ*、ツ*　（*古代日本語）
与格および着点格　　ヘ（エ）、ニ、ト
止格、方法と道具　　ニ、テ、ニテ、デ
奪格　　ヨリ、カラ

この「ガ」については、「主語を示すものではない」として、「小辞gaもまた主語を表わす強意の決定的な特徴であると考えられている。ここで、もし一つの小辞が以上の諸例から明らかになったように、属格の意味を強めて表わす決定的な特徴であるとすれば、それが同時に主格を表わす特徴たり得るかという疑問が起こる。その答は否定的である」(三澤光博訳「名詞、語尾変化」七八頁)と説明している。つまり「ガ」は、あくまでも属格(「〜ノ」)であって主格ではないという主張である。確かに、文語だけを見ていればそのように解釈できるだろうが、少し苦しいところがある。

また、形容詞の箇所では、「タカシ(高し)」についてこれを「タカ」と「シ」に分け、「シ」を〈現在形〉しかない'sein'(「ある」)と説明している。これに過去の助動詞「キ」の連体形である「シ」と、未来の意味を示す「マシ(いはまし)」を合わせて、「シ」には「現在のシ、過去のシ、未来のシ」の三種類が存在するとしている。この解釈については古田啓氏が指摘しているように、『和訓栞』における「し」の項目の記述の影響を受けているようである(ただし、『和訓栞』における「未来の「し」」は「久しかるへき」の「し」であることから、少しばかりホフマンは誤解しているともいえる)。

終止形をめぐって

動詞については「総ての動詞根（動詞の本質的部分、または動詞の語根。）は*e*または*i*で終る。（ラテン語の*doce*と*audi*とに比較せよ。）これらの語尾は動詞本来の要素であって、語形変化または語尾変化に従うものである」（同「動詞」二六九頁）と述べているように、連用形を語根としている。つまり、キリシタン宣教師からホフマンに至るまで、さらには後述するチェンバレンも、西洋における日本語研究では動詞の基本形となる不定法に連用形をあてているのである。このことは研究史的にも極めて重要である。というのも、終止形の文法的意味の把握が、西洋と日本とでは異なるということだからである。そもそも学校国文法における「終止形」という名称は極めて曖昧である。命令形であっても、命令する形で終止しているといえなくもない。それにもかかわらず、「終止形」として取り出される形態の文法的意味は、一体何なのか。西洋においては、それは単なる「現在形」に過ぎなかった。一方、日本では終止形だけが「続く形」に対する「切れる形」として重要視され、同じ「切れる形」でも、命令形は下知の言葉としてなかなか活用表の中に現れてこなかった。あくまでも「終止形」しか文は終止しないのである。これは、英語やドイツ語で「仮定法」や「接続法」などと呼ばれる「法（mood、ムード）」の文法的解釈の差異という点で極めて興味深いところなのだが、こうしたことを教えてくれるという意味で、西洋の日本語研究の意義は大きいといえるのである。

語源の研究

『日本文典』には日本語の語源についても興味深い記述がある。語源研究はヨーロッパ言語学において極めて重要な分野であったことも関係して、ホフマン自身も日本語の語源について研究していたようである。例えば「わたくし(*Watákŭsi*、我、私)」については、次のような記述が見える。

> 著者の私《ひそ》かな判断では、この語をば普通一般に用いられている*táki*(欲、広く度)、切望する、願っている、と認めるようになった。この語の副詞は*táku*であるから、動詞*tákŭsi*、願う、切望している、が派生される訳である。従って、*Wa-tákŭsi*は自己愛、利己、を意味し、普通に用いられる漢語の複合語私欲、自己愛、利己と略《ほぼ》等しい意義を持つようになる。
>
> (三澤光博訳「代名詞」一〇一頁)

これをこじつけとみるか、それとも本質を突いたものとみるのかは、大いに議論を巻き起こすところであろうが、ホフマンの解釈にはこういった強引な語源説が多く見られる。ただし、これは何もホフマンだけに限らないことである。「ねこ」は「寝+子」、「とんぼ」は

「飛ぶ棒」といったような語源俗解がはびこっていることを考えれば、語源解釈については、余程の新資料が発見でもされない限り解決できない分、永遠の研究テーマとして存在しているのだろう。「たまふ（(*Tama*) *vi, vu*、賜、給）」についてホフマンは、「日本人自身この語を玉＝宝石、に還元して考えるけれども、著者は、古語の ***Tabi***（賜び）＝与える、と ***Avi***、合《アヒ》、迎う、との複合であると考える」（同「動詞」四四三頁）というように、日本人の俗解を紹介しながら自説を述べている。

ホフマン以後の日本学

以上のように高い研究水準を示したホフマンの業績は、まさに日本学者の始祖としての評価にふさわしいものであるが、そのホフマンがライデン大学で懸命に耕した土壌も、退任後は適任者がいないということで、四一年間にわたって日本学講座教授の職が空席という事態に陥ってしまった。一九一七年にライデン民族学博物館の学芸員であったフィッセルが日本学講座教授に就任することで、再び日本学は日の目を見ることとなるのだが、このことは、ホフマンがいかに偉大な存在であったかを示すとともに、そうした天才を欠いたときの体制が、いかに脆弱なものとなるのかを示す一例といえよう。語学力というのは、まことに扱いにくいものである。

3 フランスの日本学者 パジェス、ロニー

東洋学発祥の地でもあるフランスは、日本学においても相応の地位を築いていた。日本学講座の設立はオランダのライデン大学の方が早かったけれども、東洋学という枠組みの中で、日本学はフランスにおいても着実に研究されていたのである。一八二五年には、ランドレスがロドリゲスの『日本小文典』をフランス語に翻訳し、フランス語による日本語文法書が出現するようになった（ただし、時代的にみれば二〇〇年近くも前の文法書ではあったが）。また、ランドレスがロドリゲスの文法書を翻訳したように、後には、同じくキリシタン文献の『日葡辞書』もフランス語に翻訳されている。レオン・パジェス（Léon Pagés 一八一四～一八八六）の翻訳による『日仏辞書』がそうである。パジェスの伝記については、あまりよくわかっていない点も多く、今後の研究が俟たれるところであるが、これには後述する東洋語学校での人事の件が、少なからず関係しているようである。

(1) パジェス

パリに生まれたパジェスは、雑誌編集の仕事に就いた後、一八四七年から一八五一年まで

清国のフランス公使館へ赴任しているが、詳細な経歴については不明である。フランス公使館着任中はキリシタン史研究を手がけており、一八五五年には『ザビエル書簡集』を発刊するなどの業績を残している。このキリシタン史については一八六九年から一八七〇年にかけてまとめられた上で刊行され、邦訳題『日本切支丹宗門史』(吉田小五郎訳)として広く知られている。帰国後は本格的に東洋学研究を行い、書誌研究にあたる『日本(関係)図書目録』(一八五九年)や、クルチウスの日本語文法書の仏訳なども手がけている。そして、今日に至るまで多くの影響を与えたのが『日仏辞書』(*Dictionnaire Japonais-Français*)の刊行である。この『日仏辞書』は一八六二年に四分冊本として刊行され、一八六八年には訂正の上合冊したものが再刊されている。内容は先に触れた通り『日葡辞書』の翻訳であるが、これに一六三〇年刊行の『日西辞書』とパジェス自身の知見を加え、日本語の片仮名を付している。当時として、大部の日本語辞書が刊行されたことの意義はすこぶる大きいものであった。

『日仏辞書』の刊行

ここでフランスの日本学が、ランドレスによるロドリゲスの翻訳も含めて、二〇〇年以上も前にあたるキリシタン宣教師の日本語研究に注目したのは、極めて興味深いところである。おそらくは最新の日本語研究を自認していたオランダの日本学との対抗意識もあっただろう。

DOS VOCABVLOS
QVE COMECAM POLLA
LETRA.

A

『日葡辞書』

DICTIONNAIRE

JAPONAIS-FRANCAIS

A

パジェス『日仏辞書』

また、イエズス会やドミニコ会のキリシタン研究に対する畏敬の念といった、宗教上の意義も見出していたのかもしれない。その分、日本語の語釈という点では問題のある箇所もなくはないが、世界に数冊しかない稀覯本『日葡辞書』に拠らずとも、室町期の日本語に触れられるとすれば、その意義はそれなりに大きいものであったといえよう。実際、日本においても『日葡辞書』の翻刻や全訳が出るまでは、この『日仏辞書』が広く用いられていた(当然ながら、そうした孫引き的な利用法を強く戒める識者もいたが)。ちなみに新村出は、この『日仏辞書』自体が入手困難な時代に、『日葡辞書』とあわせて原典を利用することで、優れた日本語研究を行っていた。こうした大学者は別格ではあるけれども。

パジェスの不遇

さて、いわば鳴り物入りで『日仏辞書』という画期的な業績を残したパジェスであるが、どうしてこれほどまで不明な点が多いのか。それは、どうも一八六八年の出来事が関係しているようである。当時、パリにあった東洋語学校（École des langues orientales vivantes）には、東洋学の中心的な研究機関としてアラビア語や中国語をはじめ、多くの東洋語講座が設置されていた。この東洋語学校は現在、国立東洋言語文化研究所（大学とも、略称 INALCO）へと組織改編がなされている。その意味で、フランスにおける最も伝統と権威のある日本語研究機関の一つであるといえる。この東洋語学校でアラビア語講座が廃止され、新たに日本語講座が設置されることになった。新たな講座の教授に誰が着任するのかは世間においても関心の的であったが、結局、パジェスではなく後述するレオン・ド・ロニー（Léon-Louis-Lucien Prunel de Rosny　一八三七～一九一四）が、三一歳の若さで就任するのである。当時のパジェスは五五歳。どう考えても後はなく、以後パジェスは沈黙を守り日本学の世界から姿を消してしまう。なお、この人事には、ホフマンのライデン大学教授就任時にも顔を出した東洋学者のジュリアンが、またしても深く関係していたらしい。ロニーはジュリアンの弟子でもあった。有力な師弟関係の影響力とは、何とも生臭い話である。

こうしたパジェスの沈黙をよそに、東洋語学校教授であるロニーの名声は、その後ますます高まっていく。しかしそのロニーも、さらには彼の残した数多くの業績についてもほとんど顧みられなくなり、いわば「過去の人」のように扱われてしまうことになってしまう。栄枯盛衰といえば言いすぎかもしれないが、研究史もそうとう残酷なものである。

(2) ロニー

ロニーはフランスのノール県ルースに生まれ、一八五二年にフランス東洋語学校に入学、レミュザの弟子スタニスラス・ジュリアンらに中国語を学んだ。この師弟関係が後々有利に働いたと思われるが、直接の師が中国学者であったことは、逆に彼の才能を証明することになる。どうもロニーは日本語を独習していたようなのである。それにもかかわらず、一八五四年にわずか一七歳で日本語学習書「日本語学習に必要な基礎知識の要約（抄略日本語学習須知）」を発表、一八五八年には「若干の日本語辞書に関する考察」を発表する。これは早熟の域を超えて、一種、語学の天才と呼ぶにふさわしいものであろう。一八六二年、文久遣欧使節団のヨーロッパ訪問に際し通訳を務めるが、この間に福沢諭吉らと親交を結んでいる。翌一八六三年、東洋語学校に無料の日本語公開講座が開設され、ここで日本語教育を行う。当然ながらこの日本語講師としての経験も、人事面では大きく影響したことであろう。一八六六年、パリ万国博覧会に派遣された徳川昭武の案内役を務める。以後、ロニーは日本においても広く知られることになり、ついに一八六八年、東洋語学校日本語講座初代教授に就任するのである。その後も一八七三年には第一回国際東洋学者会議を主催し、ヨーロッパの東洋学者の中で不動の地位を築いた。一八八六年、オート・ゼチュードの副校長に就任し、その後も生涯にわたり東洋学研究を続けている。東洋に対する興味の範囲は広く、研究対象も決して日本にとどまってはいなかったが、それでも中心となるものはやはり日本学であった。

「欧羅巴の一奇士」

ロニー肖像

ところで、このロニーという人物の評判については、なかなか難しいところがある。福沢諭吉は『西航記』の中で、彼のことを「欧羅巴の一奇士と云ふべし」(「文久二年七月二三日」の条)とある。フランス留学の経験があり、後に駐仏公使となった栗本鋤雲《じょうん》に至っては、次のように誉めているのか貶《けな》しているのかよくわからない評価をしている。『山月記』の李徴よろしく「博学才穎なるも性、狷介」といったと

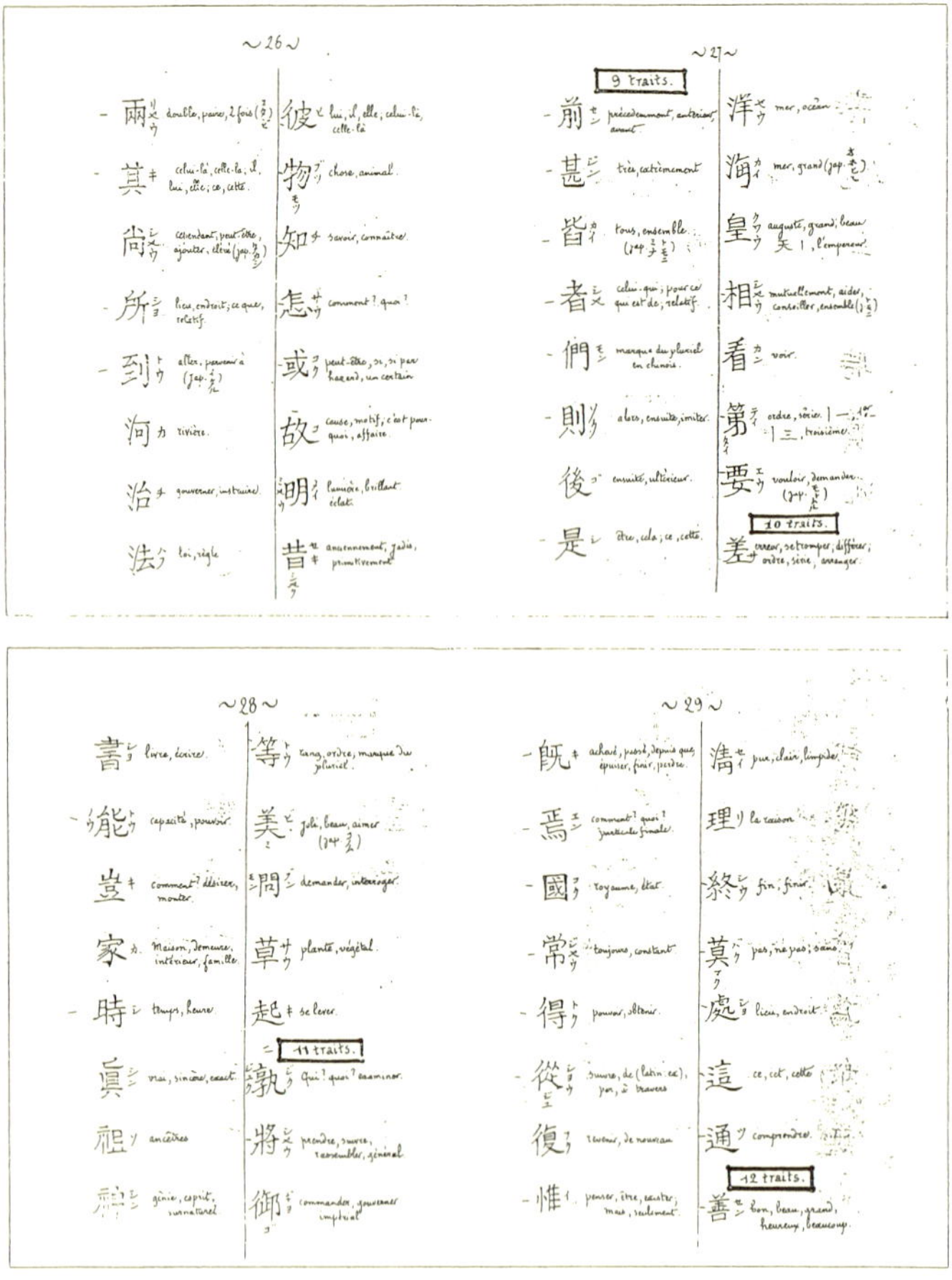

ロニー「抄略日本語学習須知」(自筆)
(谷口巖「日本語研究初山踏——一八五四(嘉永七)年, ロニー一七歳の著作のこと」所収)

ころだったのだろう。

ロニー、歳二十余、一個の奇書生なり。家至て貧なれども産を治めず。母に仕へ、頗る孝なり。唯、性議論を好み善く人を詆毀《ていき》す（注：けなす）。故に人甚《はなはだし》く是を貴とばず。然れども善く我国の史書を読み、我国の事蹟を記す。（栗本鋤雲『暁窓追録』）

「日本史、日本紀、日本外史の類、瀏覧遺す無く、旁ら雑書に及べり」（同）というように、日本に関する書物は何でも読んだというロニーは、それこそ日本語の鬼であった。ただし、生の日本語に触れる機会に乏しかった分、会話は相当不自由なものであったらしい。栗本によれば「語音佶屈、且つ助詞を解せざるを以て、十中、僅かに三四を諦聴せり」（同）という状態だったというのだから、傍から聞いていると、さぞかし不思議な会話であったに違いない。それでも字は上手だったようで、栗本も「字格端正にして且、頗る速なり」と誉めている。ロニーにとっての日本語は、いわば古典の世界のものであった。

ロニーの日本語研究

また、ロニーは極めて多くの業績を残した。例えば、よく知られているものだけでも以下のような著述がある。この中でも『日本語考』は、現在ではほとんど顧みられないけれども、ロニーの代表的な著述として大変有名である。題字はロニーの自筆で自ら「囉尼」と号している。また、会話書にあたる『和法会話対訳』ではフランス語の書名の後に「やまとふらんすかいわたいやく」という読みを与えている。

一八五四年　「日本語学習に必要な基礎知識の要約（抄略日本語学習須知）」（'Résumé des principales connaissances nécessaires pour l'étude de la langue Japonaise'）

一八五六年　「日本語研究序説」（'Introduction à l'étude de la langue japonaise'）

一八五八年　「若干の日本語辞書に関する考察」（'Remarques sur quelques dictionnaires Japonais, et sur la nature des explications qu'ils renferment'）

一八六三年　『日本文集』（*Recueil de textes Japonais: à l'usage des personnes qui suivent le cours de japonais* 編著）

一八六五年　『日本語考』（*Grammaire japonaise, accompagnée d'une notice sur les différentes écritures japonaises d'exercices de lecture et d'un aperçu du style sinico-japonais*）

一八六五年　『和法会話対訳』（*Guide de la conversation japonaise: précédé d'une introduction sur la prononciation en usage à Yédo*）

こうした著述については、当然のことながら一八二九年のシーボルトの帰国後、多くの和書がヨーロッパにもたらされた影響がかなり大きい。その意味で、シーボルトやホフマンの業績は画期的であるともいえるのだが、それらを咀嚼して自らのものにしていったロニーについても、それはそれで十分に評価すべきであろう。

ロニーの評価をめぐって

ただし、こと内容の話となると、ロニーの評判はすこぶる悪くなる。東洋語学校でロニーの後任となるドトルメールは、彼の業績について「大変浅薄な仕事であった」と酷評し、語学力についても「彼は日本語についてほんの僅かしか知識がなかった」（松原秀一「レオン・ド・ロニ略伝」による）と断じている。確かに、例えば『日本文集』に挙がっている日本語例文は「今日は。今晩は。あなたは御きけんよろしきや。あいかはるきも御さりませぬ。私は不快で御こさ《ママ》ります」といった調子で、当時でもこんな風に相手から話されると驚いてしまうだろう。また一八九八年にロニーの下で講師を務めた織田万（行政法学者、後に京都帝国大学教授・国際連盟下の常設国際司法裁判所判事も務める）は、東洋語学校でロニーの使用する日本語教科書が江戸の手習教科書『実語教』であったことに驚き、彼の語学力に対して極めて多くの疑問を投げかけている。織田は、『太平記』の一節にあった「鯨波」をロニーが「鬨の声」ではなく「地震」と解釈したため「驚き且つ呆れざるを得なかつた」と述べている。現在なら、多くの日本人ですらわからない語であるため、何かしら気の毒な批判にも思えるが、そう織田に言わしめるほどロニーの態度も傲岸不遜であったようである。ただし彼自身は、政府に対して日本人講師を雇うことを熱心に要求しており、そのためには自分の給与を減らしてもよいとまで申し出ている。性格はさておき、教育に対しては真剣な教師であったことは間違いないだろう。ただ、そうした働きかけにより雇用が認められた日本人講師の一人が、織田であるとは何とも皮肉な話である。

結局のところ、ロニーにとっての日本語は古典の世界そのものであり、コミュニケーションとして日本語が必要となる際には、すでに時代遅れのものとされたのであろう。ロニーの自作短歌に「ふゆのの／このはににたり／わがいのち／あえなきかぜに／ちりやゆきなん」というのがある。フランス人の作と聞けば、だれしもが驚くほどの出来栄えではなかろうか。ヨーロッパにおける日本学者の位置とその意味を考える上で、ロニーの存在は極めて象徴的であるといえよう。

ロニーはその後も、多くの研究者と仲違いしてしまい、晩年は大変淋しいものであったともいわれているが、彼の日本語に関する蔵書は、今でも北フランスのリール市立図書館に所蔵されている。これがパリから遠く離れた地方図書館であるというところも、ロニーの性格を表しているようで、なかなか感慨深い。やはりパリの学者たちには、簡単に見せたくなかったのであろうか。まさに「欧羅巴の一奇士と云ふべし」、である。

4　ドイツ・オーストリアの日本学者　プフィッツマイヤー、ランゲ、プラウト

一七世紀以来、ドイツは一八七一年の統一まで、君主国や自由国の分立した群雄割拠状態であった。また、オーストリアについても、後にオーストリア＝ハンガリー帝国となる時期も含めて、多くの地域を抱えた多民族国家であった。それゆえに、ドイツに関しては、フランスやオランダのように国家単位で取り上げていくよりも、広くドイツ語圏のものとして見ていく方が適切であるだろう。ここでは、ドイツ語圏の日本学として、ドイツとオーストリアを一括して取り上げてみることにしたい。

ドイツの日本学

フランスで活躍したクラプロートがドイツ人であったように、ドイツでも多くの東洋学者

を輩出しているが、ドイツ語圏での日本学研究については、やはりシーボルトやホフマンの影響が大きい。ただし本格的な研究は、一八七三年のドイツ東アジア研究協会設立以降のことになる。一八七四年、お雇い外国人として日本学者のランゲが来日（一八八一年帰国）、一八八七年にはベルリン大学東洋語学校が設立され、ランゲや井上哲次郎らが日本語を教えるように、ドイツと日本との交流も本格化する中で、日本学研究も高まりを見せていったのである。ヨーロッパに留学した上田万年の師である、ベルリン大学教授ゲオルグ・フォン・デル・ガーベレンツが、国学者の言語研究を誉めたのもこの時期である。ガーベレンツは「日本人の独りだちで為した先進的作動の中では、此言語学上に於ける程名誉なる結果は、恐らく他の学域上に見出し難からう」（上田万年『国語のため』所収）と述べている。一八八八年、ガーベレンツの弟子であるフローレンツが来日するが、彼は日本で初めて本格的な印欧語比較言語学を講述した人物でもあった。

ところで、ドイツ語圏の日本学者の中でも、とりわけ異彩を放つ人物がいる。まだ日本が開国を果たしていない一八五〇年代に日本語辞書の編纂を企画した、ある意味で途方もないスケールを持った学者、プフィッツマイヤー（August Pfizmaier　一八〇八～一八八七）である。日本ではあまり馴染みのない人物かもしれないが、高松政雄氏による詳細な紹介もあり、今後はもっと注目されてもよいものと思われる。

(1) プフィッツマイヤー

プフィッツマイヤーは現在のチェコにあたるカールスバートに生まれた。当初言語学を志すものの断念し、カールス大学で医学を学んでいる。一八三五年には医学博士号を取得し医師として活躍するが、言語学研究の夢は忘れられなかったようで、独学で言語研究を行っていた。一八三八年にウィーンへ移住してからは言語学研究に専念し、一八四三年ウィーン大学東洋語東洋文学講師（私講師）、一八四八年ウィーン学士院会員となる。彼はいわゆる語学（日本語）の鬼だったようで、その名は当時のヨーロッパに広く知られていた。ホフマンも著書の中で彼の業績について言及している。

『浮世形六枚屛風』の独訳

プフィッツマイヤーの画期的な業績の一つは、一八四七年の柳亭種彦『浮世形六枚屛風』のドイツ語翻訳（*Sechs Wandschirme in Gestalten der vergänglichen Welt*）である。この翻訳は洋紙袋綴じの和書風装丁で、ご丁寧にも翻訳文と一緒に原本の模写覆刻まで付くといった豪華本として刊行された。巻頭には「日本名作集第一編（Japanische Chrestomathie Erster Theil）」とあるが、続巻は出なかったようである。この翻訳本が凄まじいのは、覆刻の際に本文を全て活字にし

和本『浮世形六枚屏風』

ウィーン版『浮世形六枚屏風』

てしまった点である。つまり、連綿体の変体仮名も一つ一つ活字化したということになる。いわば古活字版ならぬウィーン活字版といったところだろう。活字はウィーン王立印刷局で調製されたという本格的なもので、その技術力の高さもさることながら、もとは画と文とが入り混じった版形の中に活字を落とし込むという製版の難しさを想像すると、印刷技師の苦労の程がしのばれるというものである。『浮世形六枚屏風』自体は、柳亭種彦の作品の中でもさほど高い地位を占めているものでもない分、なんとも贅沢な話である。この作品はシーボルトが招来した草双紙の一部で、後にウィーン王立図書館に収められたものを、プフィッツマイヤーが見つけ出して翻訳したらしい。ある意味で偶然の産物であるが、高松政雄氏の言うように「如何なるものでも彼は独訳したかった」。そして、それが楽しみであった」(「ドイツに於ける日本学研究」)プフィッツマイヤーにとっては、それはそれで意味のあることであったのかもしれない。無茶苦茶な比較かもしれないが、筆者が移民言語調査のためにボリビアへ赴いたとき、現地の日系人学生から「○○の大ファンなんです」と日本でもさほど有名でない漫才師の名を聞かされて驚いたことがある。たまたまＮＨＫの番組を見て知ったのだという。意外なところで意外なものが取り上げられ、それが独り歩きするというのは、どこにでもあるということなのだろう。そのうち本書が遠い異国の地へ渡り、そこで誰かが翻訳でもしてくれるとするならば、それはそれで嬉しい話である。

『日本語辞書』

プフィッツマイヤーはその後も日本研究を重ね、一八五一年には『日本古代詩の研究』（*Beiträge zur Kenntnis der ältesten japanischen Poesie*）として、『万葉集』〈約二〇〇首〉や上代歌謡の訳出も行っている。こうした訳出作業が彼の日本語熱を一層高めたのであろう、同年からは『日本語辞書』（*Wörterbuch der japanischen Sprache*）編纂に着手することになった。結局は「い〈「井（井）」から「いったい（一帯）」まで〉」の部の一〇三四語（漢字見出し語のない部分を含むと「いったん（一旦）」までの一〇四六語）にとどまったが、当初約四万語の掲載を予定していたらしい。その意気込みたるや凄まじいものである。ただ、原本の忠実さを尊ぶプフィッツマイヤーの性格を反映して、見出し語と語釈はローマ字横書きながら、日本語表記については縦書きのままで版型が組まれてしまった。横書きと縦書きとの組み合わせでは、やたらと余白ができてしまう分、紙幅も膨大なものとなる。結果として莫大な費用がかかったらしく、「いったい」（または「いったん」）の項目で全体の計画も潰えてしまったという。いったい『浮世形六枚屏風』といい『日本語辞書』といい、なんとも贅沢な話である。

また『日本語辞書』は『書言字考』や『早引節用集』といった日本古辞書を基本としており、『日葡辞書』などを参照していなかった分、見出し語の選定が極めて特異的であった。

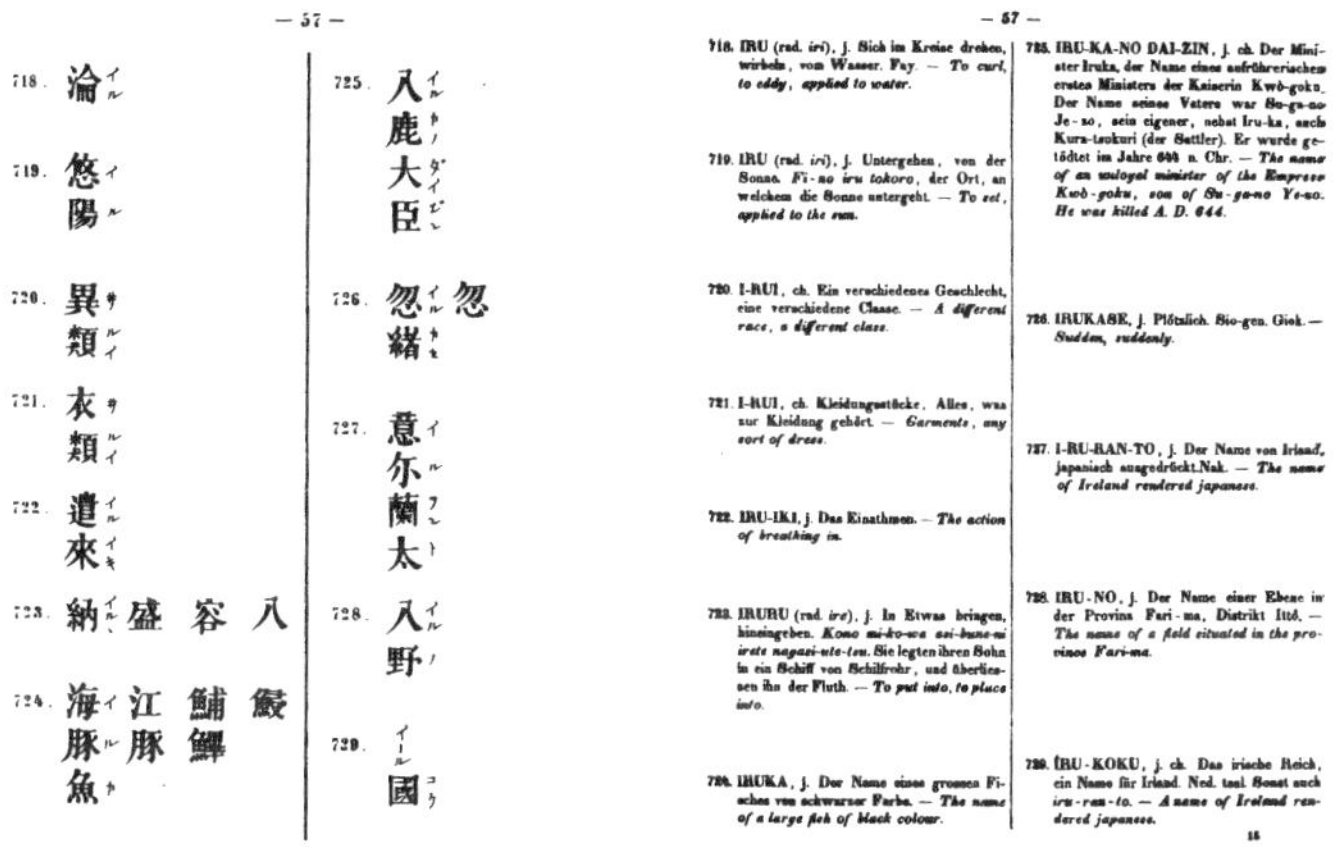

— 57 —

718. 淪《イル》

719. 悠陽《イル》

720. 異類《ヰルイ》

721. 衣類《ヰルイ》

722. 遣來《イルイキ》

723. 納《イル》 盛 容 入

724. 海豚魚《イルカ》 江豚 鯆鱓 鰀

725. 入鹿大臣《イルカノダイジン》

726. 忽緒《イルカセ》 忽

727. 意尓蘭太《イルラント》

728. 入野《イルノ》

729. イル國《コク》

— 57 —

718. IRU (rad. *iri*), j. Sich im Kreise drehen, wirbeln, vom Wasser. Fay. — *To curl, to eddy, applied to water.*

719. IRU (rad. *iri*), j. Untergehen, von der Sonne. *Fi-no iru tokoro*, der Ort, an welchem die Sonne untergeht. — *To set, applied to the sun.*

720. I-RUI, ch. Ein verschiedenes Geschlecht, eine verschiedene Classe. — *A different race, a different class.*

721. I-RUI, ch. Kleidungsstücke, Alles, was zur Kleidung gehört. — *Garments, any sort of dress.*

722. IRU-IKI, j. Das Einathmen. — *The action of breathing in.*

723. IRURU (rad. *ire*), j. In Etwas bringen, hineingeben. *Kono mi-ko-wa asi-bune-ni irete nagasi-ute-tsu.* Sie legten ihren Sohn in ein Schiff von Schilfrohr, und überliessen ihn der Fluth. — *To put into, to place into.*

724. IRUKA, j. Der Name eines grossen Fisches von schwarzer Farbe. — *The name of a large fish of black colour.*

725. IRU-KA-NO DAI-ZIN, j. ch. Der Minister Iruka, der Name eines aufrührerischen ersten Ministers der Kaiserin Kwò-goku. Der Name seines Vaters war Su-ga-no Je-zo, sein eigener, nebst Iru-ka, auch Kura-tsukuri (der Sattler). Er wurde getödtet im Jahre 644 n. Chr. — *The name of an unloyal minister of the Empress Kwò-goku, son of Su-ga-no Ye-zo. He was killed A. D. 644.*

726. IRUKASE, j. Plötzlich. Sio-gen. Giok. — *Sudden, suddenly.*

727. I-RU-RAN-TO, j. Der Name von Irland, japanisch ausgedrückt. Nak. — *The name of Ireland rendered japanese.*

728. IRU-NO, j. Der Name einer Ebene in der Provinz Fari-ma, Distrikt Ittô. — *The name of a field situated in the province Fari-ma.*

729. IRU-KOKU, j. ch. Das irische Reich, ein Name für Irland. Ned. taal. Sonst auch *iru-ran-to.* — *A name of Ireland rendered japanese.*

15

プフィッツマイヤー『日本語辞書』

例えば七一九〜七二八の見出し語は「イル（悠陽）、ヰルイ（異類）、ヰルイ（衣類）、イルイキ（遣来）、イル、（納、盛、容、入）、イルカ（海豚魚、江豚、鯆鱓、鰀）、イルカノダイジン（入鹿大臣）、イルカセ（忽緒、忽）、イルラント（意尓蘭太）、イルノ（入野）」である。いくら『早引節用集』に立項されているとはいえ「入鹿大臣（蘇我入鹿）」といった固有名詞まで含まれているというのは、語種の面から見ても少し雑駁に過ぎよう。また、語の説明も以下のような調子である。

725. IRU-KA-NO DAI-ZIN, j. ch. Der Minister Iruka, der Name eines aufrührerischem ersten Ministers der Kaiserin Kwò-goku. Der Name seines Vaters war Su-ga-no Je-zo, sein eigener, nebst Iru-ka, auch Kura-tsukuri (der

Sattler). Er wurde getödtet im Jahre 644 n. Chr.
「入鹿大臣：皇極天皇の御代の大臣で、鞍作とも名乗り、六四四年に殺害される」とは、まさにその通りだが、「父の名はスガノエゾ（Su-ga-no Je-zo）」では、実に惜しい（「そがのえみし」）、と言いたくなるところである。当時のヨーロッパでは、天皇の歴史的な事績に関して、一八三一年にクラプロートによってフランス語訳された林鵞峯の『日本王代一覧』（一六五二（慶安五）年成）などで、ある程度は知られていた。それゆえに「皇極天皇」についてもある程度馴染みがあったとは思われるが、やはり他の項目と比べると違和感のある箇所でもある。最終的には「い」の部しか現存しないため、他にどのような人物名を取り上げようとしていたのかわからないが、外国語辞書において必要な固有名詞とは何かを考える上で、いろいろと考えさせられる資料であるといえよう。

プフィッツマイヤーは、日本語のみならずアイヌ語にも研究の手を延ばしており、'Untersuchungen über den Bau der Aino-Sprache'（「アイヌ語の構造についての論考」）といった著述も残している。おそらく、ヨーロッパにおいて最初のアイヌ語学者の一人ということもできる。研究の熱はその後も衰えることなく、『日本語の詩的表現』（*Die poetischen Ausdrücke der japanischen Sprache* 一八七三〜一八七四年）を著すなど、極めて多くの業績を残している。

プフィッツマイヤーへの評価

それにもかかわらず、今日プフィッツマイヤーの名はほとんど知られていない。新村出は「日本研究の先進三家」として、ホフマン、ロニー、プフィッツマイヤーを挙げているが、それでもホフマンやロニーと比べても余りに異なる状況である。彼には弟子と呼べる者がほとんど存在しなかったことも影響しているが、どうも彼自身の奇矯さが若干関係しているかもしれない。高松政雄氏の紹介によれば、プフィッツマイヤーは大抵ぼそぼそと話し、周りからも生きているというよりも死んでいるような感じで見られていたという。精彩を欠くというのは本人の性格にもよるため、仕方のないところもあろう。ただ、一八七〇年から一八七一年に生じた普仏戦争を、ウィーンに住みながら、どうも彼は知らなかったらしい。日露戦争勝利の提灯行列を見て、あれは何だと尋ねた学者と同じく、大いに浮世離れしたところがあったことは間違いない。しかも、そのウィーンでは中国の新聞以外は読まなかったという。英字新聞以外は読まない、という人は多いかもしれないが、ウィーンで中国語の新聞のみとは、なかなかな態度である。この辺り、彼といいロニーといい、語学の天才というのは本当に常人の理解を超えた存在であるといえよう。ちなみに、語学の天才にまつわる楽しい逸話は、言語学者の千野栄一（彼自身も語学の天才でもあった）の随筆に多く見えるので、これを機に一読をお勧めしたい（本書より面白いのが悲しいところである）。ともあれ、プフィッツマイヤーのような日本学者の存在は、日本学の展開そのものにおいて大変重要であった。このことだけでも確認できれば、プフィッツマイヤーの奇矯さも、それはそれで一つのご愛嬌ということになるかもしれない。

(2) ランゲ、プラウト

オーストリアではプフィッツマイヤーが日本学研究に専心していたが、ドイツ本国の日本学は、国家統一の遅れも影響して、オランダやフランスに比べて少し後になってからの展開であった。一八八〇年代に入って日本からの留学生も多くなり、結果として日本語研究についても盛んになり、独自の教科書も作られることになった。一八八七年にはベルリン大学東洋語学校が設立され、井上哲次郎が講師に就任するが、これによりドイツではネイティブから直接日本語を学ぶことが可能になったわけである。ちなみに、この当時の日本語教科書には以下のようなものがある。

一八八六年　ノアック　『日本語教本』（*Lehrbuch der japanischen Sprache*）
一八九〇年　ランゲ　『日本口語教本』（*Lehrbuch der japanishen Umgangssprache*）

一九〇一年　ザイデル『日本口語文典』(*Grammatik der japanischen Umgangssprache*)

翻訳の位置付けについて

日本語教師とはいえ、日本人がドイツの大学で教鞭をとったということは画期的なことである。井上はヨーロッパ留学で英語、ドイツ語、フランス語、オランダ語、イタリア語、ラテン語、ギリシア語を学んでいるが、西洋文化の移入を至上命題としていた当時の日本にとって、語学の才能は必須不可避のものであったといえよう。帰国後、井上は日本の哲学界の重鎮として長く君臨し、西周とともに近代日本哲学の父とまで称されるようになる。ただし西洋哲学の紹介の面が強調されるためか、あまり独創性が感じられない分、西田幾多郎のような哲学者を前にすると、あれだけの語学の才に比して凡庸の烙印を押されてしまうというのも皮肉な話である。この頃はあまり読まれなくなったが、時枝誠記が活躍した同時期に、ソシュールの『一般言語学講義』の翻訳で有名な小林英夫という言語学者がいた。小林はそれこそヨーロッパ諸語に長け、卒業論文で扱ったイプセンの言語の文体論的分析に必要なノルウェー語については、ノルウェー公使館にまで赴いて、公使から直接学んだという。彼のような語学の天才の場合、どうしても海外研究の紹介といった仕事が多くなり、結果として、独創的な研究をなした研究者の方が有名になるという傾向がある。自然科学の分野では独創性が重視されるのも仕方がないが、人文科学の場合、継承そのものに意味がある場合も多い。また、翻訳を中心とした研究については、横のものを縦にするだけだ、という揶揄も存在するが、そうした翻訳そのものが一大事業であった時代には、応分の評価を適切にすべきであろう。現在でも研究者の業績に関しては、オリジナルを重視するあまり、翻訳を一段下に見る向きも多い。たまに論文でも目にする謬見に満ちた思い込みや陳腐な自己主張よりは、精緻な翻訳や適切な紹介の方が、どれだけ研究の進展に資するかは一目瞭然であろう。また、外国人の日本語研究についても、中には日本語研究書の翻訳に過ぎないものも多く見られるが、それでも、その翻訳がなければ教育や研究が進まなかったことを考えると、翻訳や紹介に対しては、どうも評価が低いように思えるのだが。

ドイツ人の「お雇い外国人」

さて、井上哲次郎がドイツで日本語教師に就いたように、ヨーロッパやアメリカから多くの外国人教師が日本へやってきた。彼らは「お雇い外国人」と呼ばれ、日本の西洋近代化に絶大な影響を与えることになる。アメリカやイギリスからのお雇い外国人の行った日本語研究については次章で詳しく触れることにしたいが、ドイツからも、多くの研究・教育者がお雇い外国人として来日し、帰国後はその経験や学識を生かした職に就いていた。例えば、

「ナウマン象」の名で有名な地質学者、ハインリッヒ・ナウマン（Heinrich Edmund Naumarn　一八五四～一九二七）もお雇い外国人の一人として一八七五年から一八八五年まで日本に滞在している。ナウマンは帰国後、ミュンスター大学私講師として地質学を講じているが、ある日、日本の文明開化を懐疑的に捉えた講演行い、そのときの聴衆の一人であった留学生森鷗外と激論を交わしたという有名な話もある。ナウマンは決して日本を蔑視していたわけではないのだが、冷静な分析は時として誰かの逆鱗に触れるものなのかもしれない。

帰国後、日本語教師として活躍した人物にルドルフ・ランゲ（Rudolf Lange　一八五〇～一九二三）がいる。彼はベルリンに生まれ、ハレ大学で哲学博士号取得後、一八七四年から一八八一年まで東京医学校外国人教師として日本に滞在する。そして、帰国後の一八八七年にベルリン大学東洋語学校日本語教師に就任するのである。一八九〇年刊行の日本語教科書『日本語普通語教本』（*Lehrbuch der japanishen Umgangssprache*）は、その後ドイツでの標準的な教科書として広く用いられることになった。一九一七年にはノス（C. Noss）による英訳（*A Text-Eook of Colloquial Japanese*）も出ている。

ランゲの日本語研究

ランゲの文法記述の中で興味深いのは、いわゆる「コソアド言葉」の解釈についてである。

古田東朔氏の名論文「コソアド研究の流れ（二）」（『古田東朔近現代日本語生成史コレクション 第三巻』所収）の中でも紹介されているが、ランゲはコソアド言葉について次のような説明を行っている。

コノとコレは話し手の前にある人物や事物を指し、ソノとソレは話し相手の前にある人物や事物を指す。アノとアレは、両者からも離れているものを指す。

（古田氏の訳による）

コソアド言葉が人称と関係のあることは、佐久間鼎が『現代日本語の表現と語法』の中で示して以来、有名な文法的事象の一つとなったが、ランゲが一八九〇年の段階で指摘していたことは、もう少し注目されてよい。やはり外国人の日本語研究については、見過ごされることも多いようである（次章で触れるアストンやチェンバレンも、コソアド言葉と人称との関係について触れているが、佐久間のものと比べるとランゲと同様あまり言及されないのは残念なことである）。

ヘルマン・プラウト

ランゲの後、ベルリン大学東洋語学校の日本語教師となったのは、ヘルマン・プラウト

（Hermann Plaut　一八四六〜一九〇九）である。プラウトはランゲに師事し、一九〇四年以降ランゲの日本語授業の助手を務め、一九〇六年からは専任として日本語の授業を担当していた。助手になったのも四〇歳を超えた頃で、しかも年齢でいえばランゲの方が六歳も下であるのに、彼の助手を務めていたというのだから、大分遅咲きの人物だったようである。このプラウトについてはいまだ不明な点も多く、今後の研究が俟たれるところである。ドイツ語圏の日本学者についてはまだまだ多くの点で調べるところが残っているといえる。

プラウトの日本語教科書は以下の二種類が存在しており、前者の方については森岡健二の編により復刊もされている（プラウトについての記述は、この復刊本にある解説のものが一番詳しい）。また、後者についても森岡の論文「日本語会話文典」（『日本語学の蓄積と展望』）の中で詳しく述べられている。

一八九一年　『日本語読本』（*Japanisches Lesebuch: Märchen und Erzählungen in japanischer Umgangssprache und lateinischer Umschrift nebst Anmerkungen und Wörterbuch*）

一九〇四年　『日本語会話文典』（*Japanische Konversations-Grammatik mit Lesestücken und Gesprächen*「文法項目、語句、読書、演習、会話」）

『日本語読本』

一八九一年刊行の『日本語読本』は「昔噺、笑い噺（落とし噺）の類、中国（支那）の昔噺、日本歴史上の話、小説」からなっており、文福茶釜や桃太郎、一休のとんち話、天一坊などの話が含まれている。内容についても易から難へと配列されており、初級から上級までの教科書としてみれば、なかなかよくできた構成である。ただ、これらの日本語の出典についてはよくわからず、志村哲也氏の研究によれば、序文などを見る限り、当時のドイツへ留学していた日本人留学生（軍人や学者）の協力によって成立したものではないかという。話の内容についても、例えば天一坊（大岡政談の一つで、将軍吉宗の御落胤を騙《かた》る山師との対決話）などが、かなりの長編にもかかわらず収録されている。これについて志村氏は、同様の話（一八二八年、ニュルンベルクに突如現れた謎の少年カスパー・ハウザーの奇譚）がドイツにも存在しており、馴染み深かったからではないかと推測している。こう見ると、教材における東西比較といった極めて興味深いテーマが、まだまだ多く存在することになる。繰り返しになるが、ドイツ語圏の日本学については、まだまだ多くの点で調べるところが残っている。

繰り返しになるが、以上に紹介した日本学（東洋学）者のほとんどは、日本を一度も訪れたことがなかった。結果として、ロニーのように当時の日本人からは日本語力を痛烈に批判されたりもしたが、それでも、遠く離れた異国の地に対する好奇心と、研究に対する熱意に対しては、それこそ頭の下がる思いである。彼らの日本語能力を嘲笑するのは容易《たやす》いことかもしれないが、逆にそこまでその言語に心酔できるのかと問われれば、多くの者は、彼らの残した膨大な訳業の前に、ただうな垂れてしまうのではなかろうか。これは、ある意味で「日本学」という学知のあり方そのものである。一八六五年にフェリックス・ブラックモンの見つけた陶器の包み紙が、その後の画家たちに衝撃を与えたように、長崎伝来の和書の数々はヨーロッパの日本学者を虜にしたのである。この陶器の包み紙が偶然にも『北斎漫画』であったことは、美術史的に見ても慶賀すべきことであったが、片方の場合は『浮世形六枚屛風』では、何かしら複雑な気分ではある（ただこれも、当時としては似たり寄ったりのもので、違いは単に後世の評価の差に過ぎないのだが）。

日本学者と外交官

ところで、ヨーロッパではオランダ、フランス、オーストリア、ロシア、イタリア、ドイツの順で、大学をはじめとする高等教育機関で日本学が講じられていったが、本章では挙げていないロシアの日本学は他国のものと少し異なった展開を見せていた。日本語母語話者による講師や外交官の活躍が顕著だったからである。これには漂流民の存在や日本との緊張的な外交関係が影響しているが、特に外交官の活躍について、ヨーロッパの場合ではイギリスも同様であった。これをアメリカにまで広げていくと、さらに宣教師が新たに加わることとなる。西洋の中で日本学者が活躍した後は、それこそ西洋と日本を自由に往来する実働派が、次の時代の中心的存在となっていったといえるのである。次章では、こうした幕末・明治期に活躍した外交官や宣教師たちの日本語研究について順次見ていくことにしたい。

第五章　幕末外交官と宣教師の日本語

「辞書または資料的な助けなくしては、日本語を学ぶことがどんなにむずかしいか」（『ヘボン書簡集』）

日本を一度も訪れたことのない日本学者と異なり、幕末から明治期にわたって日本を訪れた外交官や宣教師たちは、実際に日本人と話す機会を持ち得たという点で極めて有利な立場にあった。とりわけ会話力に関して、前章で触れたロニーやプフィッツマイヤーたちは、彼らと全く比べ物にならなかった。しかし、このことは決して日本学者たちが劣っていたからではなく、むしろ彼らの日本語に対するまなざし、日本語に対して求めたものの差異にあるといってよいだろう。その意味で、外交官や宣教師たちはそれまでの日本学者と異なる使命をもって日本語に接していたのである。本章では、こうした異なるまなざしで日本語に接していた、外交官や宣教師たちの日本語について触れてみたい。

1　外交官と日本学

「たつた四杯で夜も眠れず」という狂歌の通り、大変な騒ぎとなった一八五三年のアメリカのペリー総督率いる黒船来航は、江戸幕府の外交能力をまざまざと見せつけられる事態でもあった。当時のオランダ商館長であったドンケル・クルチウス（一八五二年来日）は、「オランダ風説書」とともに提出された「別段風説書」の中で、アメリカによる砲艦外交的な開国要求を幕府に予告していたが、それもうまく活用できぬまま、あれよあれよという間に七月八日(旧暦六月三日)を迎え、翌年の再来航ではついに開国を強いられることになる。この辺りは時代劇でもお馴染の話だが、具体的にどのような外交官がこうした交渉に関わっていたのかについては、時代劇でも顔の区別がつかないせいか、あまり知られていないようである。

以下に、主要な外交官の来日時期を挙げてみる(なお、日蘭和親条約締結年を一八五六年、日露修好通商条約締結年を一八五九年としているものも多いが、これらは新暦によるものである)。

一八五二年　クルチウス来日(オランダ商館長、一八五五年駐日オランダ理事官)
一八五四年　日米・日英・日露和親条約(下田条約)締結(一八五五年日蘭和親条約)
一八五五年　ハリス来日(米国駐日総領事、一八五九年弁理公使〈通訳：ヒュースケン〉)
一八五八年　日米・日英・日仏・日露・日蘭修好通商条約(安政五カ国条約)締結
　　　　　　ベルクール来日(仏国駐日総領事(のち公使)〈通訳：ジラール、カション〉)
　　　　　　ゴシケーヴィッチ来日(露国駐日領事)
一八五九年　オールコック来日(英国駐日総領事、一八六一年全権公使)
一八六二年　アーネスト・サトウ来日(英国公使館日本語通訳生)

一八六三年　ロッシュ来日(仏国駐日公使)
一八六四年　アストン来日(英国公使館日本語通訳生)
一八六五年　パークス来日(英国駐日全権公使)

外交官と日本語

大使級の外交官の場合、たとえ語学が堪能であるにせよ、直接相手国の言語を用いず通訳を介して交渉を行うのが普通である。それゆえに、こうした外交の現場での通訳官の役割は大きいものがあった。後述するイギリス人外交官のアーネスト・サトウは通訳生から特命全権公使にまで上り詰めているし、同じくイギリス人外交官で帰国後に日本学者として活躍するアストンも、最初はサトウと同じく通訳生であった。その意味では、長崎通詞との交渉で活躍したオランダ商館付の医師や事務官ともよく似ているが、外交官の場合は他国との権謀術数の中で海千山千の交渉を行わなければならない分、語学力の向上も一層真剣なものであっただろう。実際、フランスの場合、通訳を務めたメルメ・カションの帰国後、公使館での通訳に不足が生じてしまい、結果としてイギリスやアメリカに比べて情報収集能力の差が開いてしまった。これが明治以降の外交政策にも大きな影響を与えたとすれば、言語の力恐るべし、である。

さて、こうした外交官が日本語に関する研究を行った例は、先に触れた最後のオランダ商館長にして最初のオランダ駐日外交官のドンケル・クルチウスの文法研究などが挙げられる。ただ、全体からみればイギリス外交官の業績が大変に目につく。イギリスではこうした外交官の帰国後に、本格的な日本学研究がなされたことを考えると、西洋における日本学のあり方についても興味深い差異を見出すことも可能である。少なくとも日本学について、大陸（オランダ、フランス、ドイツなど）のものとイギリスのものとでは、研究成果の面で大きな違いがあるようにみえる。

ちなみに、クルチウスの『日本文法稿本』がホフマンの補訂によって刊行された同年、ロシアの外交官が日本人との共著で和露辞典を著している。ロシアの日本学（日本語研究）は他の西洋諸国と少し異なった展開をみせている。ここでロシアでの流れについて軽く眺めてみる。

(1)　ロシアの日本学　ゴシケーヴィッチ

ロシアの日本学の流れは、漂流民の歴史と不即不離の関係にある。一六九七年、カムチャツカに遠征したコサック隊長のウラジミール・アトラーソフは、赴任地で伝兵衛と名乗る日本人捕虜と出会う。伝兵衛はその後モスクワへ連れられ、帰国の機会に恵まれぬままロシアの地で生涯を過ごすのだが、モスクワでは日本語学校の教師を任された。ここからロシアにおける本格的な日本研究が始まる。つまり、漂流民が切り開いた日本学というわけである。その後は、ゴンザやソーザといった漂流民がペテルブルグ科学アカデミー付設日本語学校で教鞭をとることになり、それらに呼応するかの如く、ロシアの千島探検も徐々に進められていくことになった。一七八三年には、かの有名な大国屋光太夫がロシアに漂着、井上靖の『おろしや国酔夢譚』の世界へと突入するが、この辺りの事情は桂川甫周『北槎聞略』(一七九四(寛政六)年)に詳しいところである。

ロシアでの日本語教育

このように、ロシアでは漂流民による日本語教育がかなり以前から行われていたこともあり、日本語の会話についてはさほど問題のない段階にまで達していた。一七九二年にはラスクマンが根室へ、一八〇四年にはレザノフが長崎へ入港しているが、そこには漂流民の存在が大いに関係していたのである。ただし、そうした長い歴史を持つ日本語学校も、講師の不在により一八二〇年代には閉鎖され、日本語教育・研究も中断してしまうことになる。ペリー来航の頃、ロシアも間髪を入れずプチャーチンを長崎に派遣しているが、それはペリーに遅れることわずか一カ月半ばかりのことであった。歴史上の「もしも」は禁句だが、ロシアで日本語教育・研究がそのまま継続し、さらにアメリカよりも早く開国を強要していたとすれば、その後の歴史も大きく変わったものとなっていただろう。

ただ、こうした流れをふまえつつも、学術的な見地からすれば、ロシアにおける本格的な日本学はヨシフ・アントノヴィッチ・ゴシケーヴィッチ（Ио́сиф Анто́нович Гошке́вич　一八一四〜一八七五）によって始まるといってもよいだろう。彼はサンクトペテルブルグ神学校卒業後、中国で宣教に従事し、一八五七（安政四）年の遣日使節プチャーチンの中国語通訳として長崎に来航している。翌年にはロシア最初の駐日領事として箱館に赴任し、教会や病院を建てたり、日本人に写真術を教えるなどしていた。一八六五（慶応元）年に日本人留学生をともなって帰国するが、生涯にわたって日本語研究に専念し、没後の一八九九年には遺著『日本語の語根について』が刊行されている。

ゴシケーヴィッチの日本語研究

ゴシケーヴィッチの日本語に関するもっとも著名な業績は、一八五七年に橘耕斎（増田甲斎　一八二〇〜一八八五）とともに著した本格的な和露辞典『和魯通言比考』（*Японско-Русскій Словарь*）である。和露辞典についてはすでにレザノフらが作成していたが、日本人との共著として刊行されたのは、このゴシケーヴィッチのものが最初である。なお、共著者である橘耕斎

『和魯通言比考』

は大変ユニークな経歴を持ち、伊豆滞在中のゴシケーヴィッチに日本語辞書を貸与したことを咎められ、捕縛されるも脱出しそのままロシアへ逃亡、ロシアではロシア正教会に改宗後、外務省の通訳官を経て、一八七〇年にペテルブルグ大学の日本語講師に就任している。ウラジミール・イオシフォヴィッチ・ヤマトフというロシア名も持っていた。一八七三年に岩倉使節団の説得により帰国するが、日本ではロシア政府の年金で暮らしていたという。ロシアへ行くまでは博徒の頭目だったという話もあるほどで、なんとも気宇壮大な人物である。

『和魯通言比考』は約一万五千語をイロハ順に収録した本格的な辞典で、一八五八年にロシアで学術賞(デミードフ賞)を受賞している。序文にはキリシタン資料からオランダ商館長ドゥーフ、シーボルト、さらにはプフィッツマイヤー、ロニーの日本語研究について言及がなされている。編纂にあたって参考にした文献は、天草版の『羅葡日辞書』、ロドリゲスやコリャードの文典、メドハースト（後述）の語彙集などのようだが、「著述に際して重要な参考となったのは、幸運な事情により官庁アジア局に所属していた日本人、橘耕斎であった」（前田広幸訳）と述べているように、橘の関与は大きいものであったと想像される。中村喜和氏の研究によれば、例えば「イハイ　位牌　使者の記念に寺に立てられる板」「イヌヲフモノ　犬を追い、矢を射ること。軍事訓練の一つ」「ニヨロ〳〵　何かが動いたり這ったりするときに出る音」（中村喜和訳）といった語釈に、橘の影響がみられるという。確かにこれらの語は前提となる知識がないと全くわからないだろう（ただし、残されている手紙などの言を見る限り、語学は少し不如意であったようであるが）。ゴシケーヴィッチや橘（ヤマトフ）の名は日露関係史において必ず出てくるのだが、もう少し広く知れ渡ってもよさそうな気がするのは、少し贔屓に過ぎようか。

(2)　イギリスの日本学　アストン、オールコック、サトウ

幕末におけるイギリスの動きは、充実した外交官の配置という点で他の国々と違いを見せていた。イギリスの日本学者の多くが外交官出身というのも、イギリスの外交力を反映したものといってもあながち間違いとはいえないだろう。現在でも、外交官が退職後に元赴任国

の事情に関する講義を行うことはよくみられる。一九世紀のイギリスは世界的にみても、まさに「大英帝国」の名にふさわしい勢力を誇っていた。幕末の日本では、薩長からの情報をいち早く収集し、幕府の統治能力を正確に分析できていた点では、フランスと大いに異なっていた。外交における諜報活動といえば、何やら007でおなじみのMI6の世界のようだが、実際、イギリスの外交能力は相当のものであったとみてよいだろう。当時の外交ではフランス語が中心的な言語として扱われていた分、そのハンディを埋めようとしていたのかもしれない。なお、一八六三(文久三)年に日仏修好通商条約締結使節団長として来日したスイス時計協会会長のエーメ・アンベールは、帰国後にまとめた日本見聞録『幕末日本図会』(*Le Japon Illustré* 一八七〇年)の中で、「ヨーロッパ人は、常に、東洋の諸問題において、あまりにも図式化した考えを抱いているが、(中略)イギリスだけは本能的に商業利益を目当てとしているため、特殊な場合にはこの原則に例外を認めることができる」(高橋邦太郎訳『新異国叢書第I輯第15巻』所収、三六七頁)と述べている。当時から抜け目のない国とみられていたのであろう。

ウィリアム・ジョージ・アストン

さて、イギリスの代表的な日本学者といえば、ウィリアム・ジョージ・アストン(William

George Aston 一八四一～一九一一）が筆頭に挙げられる。彼はアイルランドのロンドンデリー近郊に生まれ、クイーンズ大学ベルファスト校で文献学などを学んだ。一八六四（元治元）年、英国公使館日本語通訳生として来日し、先に来日していたアーネスト・サトウとともに日本語の研究を行っている。これがアストンにとって日本語研究の原点となるが、日本滞在中には朝鮮語も学習しており、その能力が買われて一八八四（明治一七）年には朝鮮駐在総領事にも就任することとなる（翌年には離朝）。一八八四年以降は、神戸や長崎の領事も務め、一八八六（明治一九）年、日本語書記官に就任する。一八八九年には外交官を辞職し、イングランドへ帰国。帰国後は著述活動に専念し日本学者としての名声を博する。没後、蔵書はケンブリッジ大学図書館に入り、その後のイギリスにおける日本研究の基礎資料となった。

アストンの日本学に関する業績は日本語、日本文化と多岐にわたっており、海外における最初の本格的な日本文学史となる *A history of Japanese Literature*（一八九九年）は、日本でも一九〇八（明治四一）年に翻訳（芝野六助訳『日本文学史』大日本図書、一九〇八年）がなされるなど、早い時期から多くの注目を集めていた。ちなみに、『日本文学史』の章立ては以下のようになっており、例えば明治時代は「東京時代」となっているが、同時代的にみれば確かにそうだと得心がいって興味深い。

1 ARCHAIC PERIOD（BEFORE A. D. 700）
2 NARA PERIOD（EIGHTH CENTURY）
3 HEIAN OR CLASSICAL PERIOD（800–1186）
4 KAMAKURA PERIOD（1186–1332）
5 NAMBOKU-CHŌ AND MUROMACHI PERIODS（1332–1603）
6 YEDO PERIOD（1603–1867）
7 TOKIO PERIOD（1867–1898）

アストンと神道

こうした日本文学史編述の背景には基礎資料に対する十分な研究があり、例えば一八九六年には『日本書紀』の翻訳（*Nihongi: Chronicles of Japan from the Earliest Times to A.D. 697*）を行っている。なお、こうしたアストンの研究に関する日本での注目の中には、ある種の意図を持ったものもあったようである。日韓併合への気運が高まった頃の一九〇七（明治四〇）年には、学術雑誌 ***Transactions of the Asiatic Society of Japan*** に発表された論文 'Hideyoshi's Invasion of Korea'（「秀吉の朝鮮出兵」）が、増田藤之助訳『英和対訳 豊太閤征韓史』（隆文館、一九〇七年）として翻訳・刊行されている。これは英語学習の一助として翻訳されたものらしいが、序文には「祖先の豪放壮大なる遠征を追懐しつゝ、細心着実なる語学の勉強をなすも亦た妙ならずや」(三〜四頁)とある。これなどは、何となく都合のよい読まれ方という気がする。また、アストンの日本文化研究で著名なものに神道研究がある。これは後述するアーネスト・サトウの神道研究の成果を受けてのものだが、アストン自身は以下のような著述を残している。

Shinto: The Way of the Gods　一九〇五年
『神道』(翻訳：補永茂助・芝野六助訳(一九二二)『日本神道論』明治書院、安田一郎訳(一九八八)青土社)

Shinto: The Ancient Religion of Japan　一九〇七年
『神道』(翻訳：白石喜之助・山本節訳(一九三〇)『神道——日本の古代宗教』新生堂)

'Shinto' (*Transaction and Proceedings of the Japan Society.* vol. 7)　一九〇八年
「神道」(翻訳：片山博(二〇〇四、二〇〇五))

ちなみにアストンは神道について次のような見解を示している。見解の是非についてはさておき、久米邦武の論文「神道ハ祭天の古俗」(一八九一(明治二四)年)を彷彿とさせる論調は、西洋における宗教観を考える上でも注目すべきものであろう。

神道に偉大な将来を予見するのは困難である。特に仏教や中国思想の付加物を取り去った時、神道はあまりにも未発達な信仰であって、最近急速に文明開化を成し遂げた国民の精神的及び道徳的渇望を満足させるには程遠い。神道は、過去の仰々しい儀式の単なる形骸化に過ぎない儀礼においても、彫刻や建築技術の使用においても、あるいは、衣装や教団組織においても、さらには、思想の深遠さや道徳的教えにおいても、その偉大な好敵手である仏教と当面競争することはできない。そして今、キリスト教もまた同じ土俵に上がってきている。

（片山博訳）

アストンの日本語研究

次に、日本語の方面に目を向けてみると、文語・口語文法の研究がよく知られている。アストンは一八六九年刊行の『日本口語小文典』（*A Short Grammar of the Japanese Spoken Language*）の他、『日本口語文典』（*A Grammar of the Japanese Spoken Language*）、『日本文語文典』（*A Grammar of the Japanese Written Language*）の三種類の文法書を著している。『日本口語文典』については一八七一年（初版）、一八七三年（二版）、一八七三年（三版）、一八八八年（四版）、『日本文語文典』については一八七二年（初版）、一八七七年（二版）、一九〇四年（三版）というように、多くの改訂がなされている。この点については古田東朔氏の研究に詳しいところだが、改訂に際して白説を大幅に変えてしまった部分もあるため、どの版に拠っての議論かについて注意が必要である。

品詞分類について、『日本文語文典』初版では国学の品詞分類法について触れ、その意義を説いた後で次のような区分をしている。

Ⅰ．Uninflected principal words（na）（活用しない主要語）「名」
Ⅱ．Inflected principal words（kotoba）（活用する主要語）「詞」
Ⅲ．Uninflected subordinate words（活用しない従属語）
Ⅳ．Inflected subordinate words（活用する従属語）
（Ⅲ・Ⅳ）（teniwoha）「てにをは」

これは、弘化二（一八四五）年刊行の鈴木重胤『詞のちかみち』にいう「ゐことば」や「はたらきことば」などを受けてのものらしい。アストンはこの『詞のちかみち』について、特に価値あるものと高く評価している（鈴木重胤については、富樫広蔭の説を剽窃したとまで言われ、一時期は大変評価が低かったのだが、最近は徐々に見直されてきているようである）。ところが『日本口語文典』四版では「名詞、代名詞、数詞、動詞、形容詞、助辞、副詞、接続詞、前置詞、間

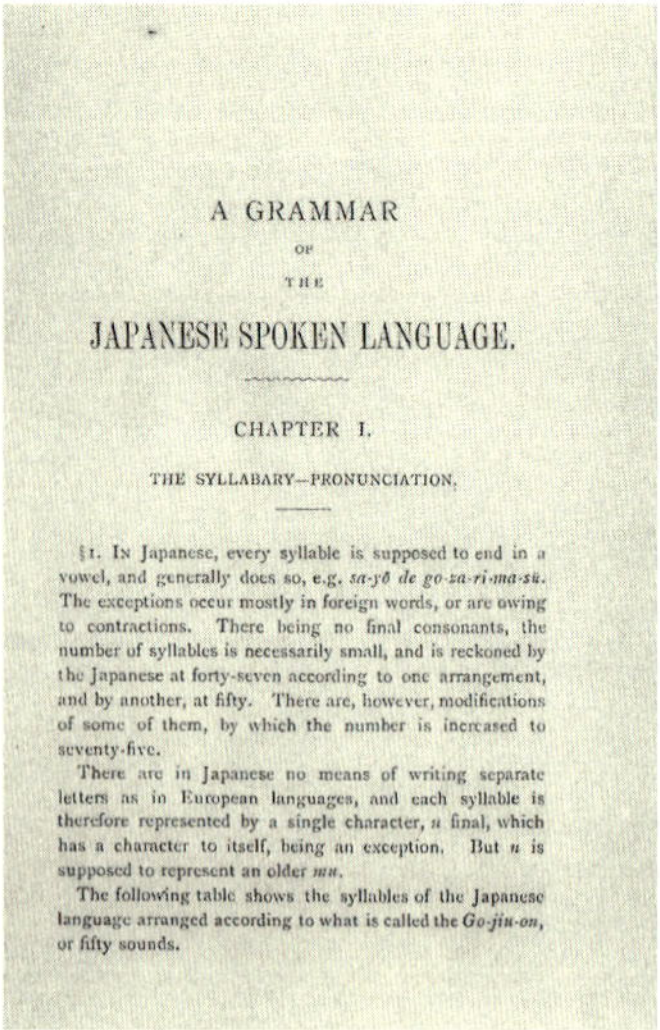
A GRAMMAR

OF

THE

JAPANESE SPOKEN LANGUAGE.

CHAPTER I.

THE SYLLABARY—PRONUNCIATION.

§1. In Japanese, every syllable is supposed to end in a vowel, and generally does so, e.g. *sa-yô de go-za-ri-ma-sŭ*. The exceptions occur mostly in foreign words, or are owing to contractions. There being no final consonants, the number of syllables is necessarily small, and is reckoned by the Japanese at forty-seven according to one arrangement, and by another, at fifty. There are, however, modifications of some of them, by which the number is increased to seventy-five.

There are in Japanese no means of writing separate letters as in European languages, and each syllable is therefore represented by a single character, *n* final, which has a character to itself, being an exception. But *n* is supposed to represent an older *mu*.

The following table shows the syllables of the Japanese language arranged according to what is called the *Go-jiu-on*, or fifty sounds.

アストン『日本口語文典』

投詞」というように、西洋型の品詞分類法へ戻っている。いずれが正しいのかというよりも、アストンにおける学説の変遷の意味について考えておく必要がありそうである。この点については今後の課題として大いに検討すべきテーマの一つといえよう。

　また、敬語法については尊敬を二、三人称、謙譲を一人称として、以下のような分類をしている（引用は『日本文語文典』初版のもの）。

I．謙譲を表現するために（主として）第一人称における動詞とともに使用される助動詞

ハンベル・ハベル、サブラウ・サムラウ、マカル、モース、アグル、タテマツル

II．尊敬語として、第二人称における動詞とともに、あるいは高位の名士の行動が語られるときの第三人称における動詞とともに使用される助動詞

タマウ、マスル、アソバス

こうした言及は、「おわりに」で触れるチェンバレンを経て、日本における敬語法研究に大きな影響を与えたと古田東朔氏は推測している。やはり、アストンの日本語研究史に占める位置は極めて大きい。

ラザフォード・オールコック

さて、アストンはイギリス総領事館の通訳生として来日したのだが、その総領事館の初代総領事はラザフォード・オールコック(Sir Rutherford Alcock 一八〇九〜一八九七)であった。アストンやアーネスト・サトウの上司ということになる。彼はロンドン近郊の生まれで、一八三〇年に王立外科学校より医師免許を取得後、軍医として各国を赴任、その後に外交官へ転身するという、少しばかり変わった経歴を持っていた。一八四四年より清国福州・上海・広州領事を歴任し、一八五九年に総領事として来日(任命は前年)することになったが、日

オールコック肖像

本とイギリスとの関係が重要なものとなるに従い、役職も総領事から公使へと昇格している。一八六五年に清国公使へ転任し日本を離れるが、日本滞在中の一八六三年に著した『大君の都──幕末日本滞在記』（*The Capital of the Tycoon: A narrative of a three years' residence in Japan* 山口光朔訳）は、幕末の日本文化や風俗を知る上で大変興味深いものであり、今日でも広く読まれ続けている。

オールコックの日本語研究

『大君の都』には「われわれがまったく日本語の知識を欠いていることが、この国とわれわれとの関係を発展せしめて成果をあげるための最初の重大なさまたげとなった」（同、二五七頁）という率直な感想が述べられている。それゆえにオールコックが「気をくばったことは、かれら（引用者注：二人の通訳生、すなわちアストンとサトウ）に勉強させること、そしてこの国の言語の構造にかんしてわたしじしんがなにか記述することによって援助しうるかどうかを知ることであった」（同）という。まずは環境整備と率先垂範とは、上司の鏡であるといえよう。実際、オールコックは、一八六一年に簡便な日本語文法書『初学者用日本文法綱要』（*Elements of Japanese Grammar: for the Use of Beginners*）、一八六三年には会話書にあたる『日本語日常会話篇』（*Familiar Dialogues in Japanese, with English and French Translations for the Use of Students*）を著している。まさに有言実行の士である。ちなみに『日本語日常会話篇』には、以下のような会話が含まれている（'gocanaisama'は「御家内様（奥様）」）。

Hei connitchiwa.　　　　*Good morning! or Good evening!*
Gocanaisamawa icagade gozaimas.　　　　*How is your family?*

ただし、オールコックの日本語に対する観点に関しては、言語学的にみて少し苦しい部分も存在する。例えば『大君の都』には「日本人の性格の特徴を例証するいまひとつのものとしては、日本語の名詞には性がないという文法的な事実をあげることができる」（二六〇頁）というように、文法上の性と日本人の性格とを結びつけた解釈をしている。「三人称の「かれ」・「彼女」・「それ」などのあいだの差異を示す人称代名詞がないということは、（中略）奇妙にも、公衆浴場の混浴その他の日常生活の習慣の面でも実践されているようだ」（同）とまで言われてしまうと、少しばかり突っ込みを入れてみたくもなる。なお、当時の銭湯は西洋人にとって相当奇異に見えたのであろう。他にも多くの見聞録で言及されているし、特に混浴のくだりは、いわば一種のお約束ともいえる記述である（実際は男女別浴も幕末には一般化しつつあったようだが）。お約束といえば、「ｒ」に与えられている半流音だが、これは「ｌ」でも「r」でもなく、その中間のような音である」(前掲書、二六五頁)と、当然のようにラ行音についても触れている。そして、書き言葉については「山ほどの困難がある」として、漢字、カタカナ、ひらがなの三種類の文字使用に苦労した点を延々と述べてもいる。これも大体の日本研究者と同様である。それでも、総領事(後に公使)としての職務の傍ら、赴任先の言語(日本語)について鋭い観察と記述を行ったという点で、外交官以上の能力を感じ取ることができよう。ちなみに、オールコックの後任にあたるパークスは、一八年近く日本で公職に就いていたが、こうした著述を残していない(ただしこの辺りは、実際のところ階級問題も絡んでいるようで、軽々には扱い難いところでもある。例えばイギリス公使館の二等書記官であったミットフォードは、上司のパークスについて、彼はフランス語ができないと、すこし揶揄したような言及をしている。外交官の世界もとかく難しいものである)。

アーネスト・サトウ

さて、坂田精一訳の『一外交官の見た明治維新』や、萩原延壽の『遠い崖――アーネスト・サトウ日記抄』で広く知られるようになった幕末のイギリス外交官アーネスト・サトウ(Sir Ernest Mason Satow 一八四三~一九二九)も、オールコックやアストンらと同様、その優れた才能を多くの著述の中に生かしている。当時のイギリス総領事館(公使館)は、まことに多士済々と呼ぶにふさわしいものであったのだろう。

ロンドンに生まれたサトウは、ユニヴァーシティ・カレッジを卒業後、一八六二（文久二）年に英国公使館日本語通訳生として来日する。一八六五年に通訳官へ昇任、一八八三年の帰国後はシャム総領事代理（一八八四〜一八八七年）、ウルグアイ領事（一八八九〜一八九三年）、モロッコ領事（一八九三〜一八九五年）などを歴任し、一八九五年には特命全権公使として日本へ戻る（一九〇〇年まで）。これは当時の日本におけるイギリス外交官の職位としては最高のものであることから、いわば叩き上げで位人臣を極めたことになる。一九〇〇年から一九〇六年までは清国公使を務め、引退後は著述活動に専念した。一九二一年刊行の *A Diplomat in Japan*（『一外交官の見た明治維新』）は、まさに引退外交官の回想録である。ちなみに、日本では佐藤（薩道）愛之助という日本名も用いていた。彼の駐日期間を合わせると二五年近くにもなり、当時として最も日本を知り得た人物の一人であったといえよう。

アーネスト・サトウ肖像

サトウの日本語研究

サトウの日本語に関する研究で極めて注目すべ

2

EXERCISE I.

COMING AND GOING.

1. *Kinô kimashita.*
2. *Kinô kita.*
3. *Ashita ikô to omô.*
4. *Ashita ikô ka to omô.*
5. *Mô sukoshi nochi ui o idé nasai.*
6. *Ano onna wa sakujitsu ikimashita.*
7. *Kinô itta.*
8. *Mairimashô ka.*

KUAIWA HEN 本文より

きものは、一八七三年刊行の『会話篇』（*KUAIWA HEN: Twenty-Five Exercises in the Yedo Colloquial*）である。一般に、サトウといえば『一外交官の見た明治維新』といったイメージがあるため、彼が本格的な日本語研究を行っていたことは、あまり目が向けられていない。だが、子細に検討をしてみると大変鋭い日本語観察を行っている箇所もあって、大いに興味をそそられるものである。例えば、次のような「は」と「が」の問題のように。

口語では、あるものを他の一群から選び抜いて、それについて何か叙述したい時に、例えば「これがいい」*this* is good のように用いられる。一方、「これはいい」という場合には、それが備えている多くの属性の中から一つの属性を叙述するために選び出しているのである。

（櫻井豪人訳による）

またサトウは、長崎通詞の石橋政方との共編で、維新後の一八七六年に『英和口語辞典』

（*An English-Japanese Dictionary of Spoken Language*）を著している。辞書編纂の点では先のゴシケーヴィッチといい、このサトウといい、やはり日本語に直接触れた経験のある分、ヨーロッパの日本学者たちとは異なり大変有利な立場にあったといえるだろう。

このように、イギリスの外交官たちは日本研究の分野で優れた業績を残したといえるのだが、このことは日本の対外交渉史における外国の位置関係と、極めて密接なつながりを持っていることに気づかされるだろう。端的にいえば、南蛮貿易のポルトガルから長崎貿易のオランダへ、そして幕末からはイギリスへ、という日本の相手国の変化通りということである。西洋における日本研究（日本学）も、また国内における外国（語）研究も、この流れ通りに進展し、そして現在にまで至っている。

ただ、このように見ていくと、日本に大砲で風穴を開けたアメリカの存在が見えてこないのは、ある種意外に思われるかもしれない。確かに、幕末期のアメリカ外交官は日本学者でもなかった。初代アメリカ駐日総領事のタウンゼント・ハリスも、その通訳のヒュースケン（フースケン）も、特に日本研究を残していない。しかし、アメリカからは外交官をはるかに凌ぐ多くの宣教師が開国後に来日し、熱心な布教・教育活動の傍ら日本研究を手がけ、さらには優れた業績を残していったのである。ここで視線の向かうべき先は、外交官から宣教師へということになろう。

2　宣教師と日本語

一七世紀後半のキリシタン宣教師の来日と同じく、一九世紀後半にも多くの宣教師が日本の地を布教のために訪れた。出身国や宗派において違いはあったが、布教に対する熱意たるや、いずれ劣らず極めて真摯なものであった。実際、一八六〇年に琉球へ上陸したフランスの宣教師プティジャンは、一八六五年に大浦天主堂で潜伏キリシタン（隠れキリシタン）と劇的な出会い（「信徒発見」）をするが、彼は六〇種近いキリスト教関係書を石版印刷で刊行している。まさに明治のキリシタン版である（一般には「プティジャン版」と呼ばれる）。幕末から明治にかけて来日した、特に日本語研究に関係深い宣教師とその業績を挙げてみると以下のようになる。

一八三〇年　メドハースト（英）『英和・和英語彙集』（バタヴィア刊）
一八三五年　メドハースト（英）『朝鮮偉国字彙』
一八四六年　ベッテルハイム（英）琉球王国到着
一八五五年　ジラール、カション（仏）琉球王国到着（一八五九年、箱館到着）

一八五九年　リギンズ、ウィリアムズ、ヘボン、ブラウン、フルベッキ（米）来日
一八六〇年　プティジャン（仏）琉球王国到着（一八六二年、横浜到着）
　　　　　　リギンズ（米）『英和日用句集』（上海刊）
一八六三年　ブラウン（米）『英和俗語会話集』
一八六五年　カション（仏）『仏英和辞典』（未完）
一八六七年　ヘボン（米）『和英語林集成』（上海刊）

多くの来日宣教師たち

宣教師の中には日本とともに琉球王国を訪れる者も多く、ベッテルハイム（Bernard Jean Bettelheim〈伯徳令〉一八一一～一八七〇、ハンガリー→英）などは、八年にもわたり琉球で布教活動を続け、手稿ながら琉球語に関する文法書まで著している。琉球王国も鎖国体制であったため、ベッテルハイムは招かれざる客の扱いだったようだが、種痘法を伝えるなどして医療面での貢献は大なるものがあったらしい。ベッテルハイムといい、プティジャンといい、その精力的な活動には驚くばかりである。

そう考えると、同じ宣教師でもメルメ・カション（Eugène Emmanuel Mermet de Cachon　一八二八～一八八九）の場合は、少し感じが異なってくる。カションは一八五五年にジラールらととも

に琉球王国へ上陸するも、信者は獲得できずじまいであった。その後、一八五八年に日仏修好通商条約締結時の通訳として来日し、以後は宣教師というよりも通訳としての職務に専念する。カションの日本語は大変流暢であったらしく幕府側も驚いたらしい。語学の才が買われて、横浜仏語伝習所でフランス語の教師も務めている。才能はどこで発揮できるかわからないが、カションの場合は残念ながら宣教師ではなく、通訳の方が向いていたようである。ただ、当時の人々からは何やら怪しい人物とも思われていたようで、あまり良い評判を聞かない。神父の立場にあって事実婚の日本人女性までいたという話もある。これまた、語学の才と人格とはなかなか一致しないようである。

さて、こうした宣教師の行った日本語研究にはどのようなものが存在するのか、主要なものについて見ていくことにしたい。

(1) メドハースト、リギンズ、ウィリアムズ

幕末から明治にかけて来日した宣教師は、ジラール、カション、プティジャンといったカトリック教会からだけでなく、米国聖公会や合衆国長老教会、アメリカ・オランダ改革派教会といったプロテスタントも多く含まれていた。フランスからはカトリック、イギリスやアメリカからはプロテスタントの宣教師が多く来日したというのは、それぞれの国情をそのま

ま反映したものになっているが、日本とアメリカとの関係が密になっていくに従い、アメリカからの宣教師の活躍が顕著となるのも、外交官の活動と似ているようで興味深い。特に、宣教師の開設した学校が、今日ではキリスト教系の高等学校や大学（いわゆるミッション系学校）へと発展していることなどをみると、教育面での貢献についてはまことに大なるものがある（現在、ミッション系大学は国内に七十数校存在する）。

ウォルター・ヘンリー・メドハースト

さて、多くの宣教師たちが活躍するにあたって、一度も日本を訪れたことがないにもかかわらず日本語研究を続け、その成果が後進の宣教師たちの支えとなった、という事例がある。ウォルター・ヘンリー・メドハースト（Walter Henry Medhurst　一七九六〜一八五七）の日本語研究がそうである。メドハーストはロンドンに生まれ、イギリスの名門校であるセント・ポール校を中退後、グロスターで印刷工となる。ロンドン外国伝道協会附属ハックニー・カレッジで学んだ後、一八一六年に印刷担当者としてマラッカに派遣される。もともとは印刷技師として海外派遣されたわけだが、彼の印刷技術がその後の宣教師の活動に対して大きな役割を持つことになる。もともと語学の才能もあったのであろう、中国語やマレー語も程なく習得、また、説教の術についても研鑽を積み、一八一九年には牧師に任命されている。一八四二年には中国へ渡って中国名を麦都思と名乗り、上海で本格的な布教活動を行う。健康上の問題から一八五六年には帰国せざるを得なくなり、帰国の一年後にロンドンで亡くなった。日本には一度も足を踏み入れる機会がなかったのである。

このメドハーストが行った日本語研究は、一八三〇年にバタヴィアで刊行された語彙集(辞書)*An English and Japanese and Japanese and English Vocabulary*(『和英・英和語彙』)である。他にも本格的な朝鮮語学習書の嚆矢ともいえる『朝鮮偉国字彙』(一八三五年)や、中英・英中辞典として評価の高い*Chinese and English Dictionary*(『華英字典』一八四二、一八四三年)や*English and Chinese Dictionary*(『英華字典』一八四七、一八四八年)といった東洋語研究も存在する。ちなみに『朝鮮偉国字彙』は、一八世紀初頭に成立した洪舜明編による日本語と朝鮮語との対訳辞書『倭語類解』の翻訳で、どうも「偉」とは「倭」のことのようである。その点では、広い意味での日本語研究ともいえる。また中英・英中辞典についてはメドハーストの他に、モリソンの『中国語字典』(一八一五〜一八二三年)以後、ウィリアムズ(後述のチャニング・ムーア・ウィリアムズとは別人)、ロプシャイト、ドーリトルといった宣教師のものがある。中でもロプシャイトの『英華辞典』(一八六六〜一八六九年)は日本でも広く普及し、翻訳語の成立に大きな影響を与えている。

『和英・英和語彙』は約五千の英語表現と約七千の日本語見出しが収められ、英和の部は主題別、和英の部はいろは順で構成されている。日本語を話そうとする際には、場面に応じた表現集といったものの方が便利であるし、逆に日本語を読む場合はいろはや五十音などで調べる必要があることから、大変実用的に編纂されたものであるといえよう。底本については諸説存在するが、杉本つとむ氏によると一八一〇（文化七）年刊行の奥平昌高編『蘭語訳撰』を参照したのではないかという。また『和英・英和語彙』は一八五七（安政四）年と一八六三（文久三）年に『英語箋一名米語箋』として日本でも覆刻されており、日本人の英語学習に対する一助となった。メドハーストからの恩恵は日本にも及んだわけである。ただ内容の面では、バタヴィアでの印刷ということもあり、誤植が大変多く、ローマ字綴りも日本語の発音と対応していない箇所が見られる。さらには、不思議な日本語訳や当時には使われていない古語も含まれていて、日本語史の資料としては慎重な利用が必要である。例えば‘chrysanth《ママ》mum’（菊）の訳語が‘ka-wa-ra-o’（カワラヲ）となっていたり、‘to saw’（のこぎりで切る）の訳語には‘no-ko-gi-ri-soor’（ノコギリスル）が当てられている。菊の古名に「カワラオハギ」というのがあるので「カワラヲ」の方はまだよいとして、「ノコギリスル」ではほとんど若者言葉の世界である。それでも、極めて早い段階の語彙集として、本書の価値はすこぶる高いものがある。

ジョン・リギンズ

メドハーストとは異なり、実際に来日した宣教師の中で優れた日本語研究を残した者の早い例としては、ジョン・リギンズ(John Liggins 一八二九〜一九一二)が挙げられる。リギンズとほぼ同時期に来日したチャニング・ムーア・ウィリアムズ(Channing Moore Williams 一八二九〜一九一〇)と合わせて言及されることも多いが、ウィリアムズについては日本語研究の分野よりも、日本におけるミッション系学校設立という教育史的側面から取り上げられることが多い。ちなみに教育の面では、後に明治学院理事長となったグイド・フルベッキがよく言及されるが、彼については後述するブラウンやヘボンらと同様、聖書翻訳史の分野でも知られている。

リギンズはもともとイギリス生まれであるが、一一歳のときに一家でアメリカへ移住している。一八五五年にバージニア神学校を卒業、翌年から聖公会派遣プロテスタント宣教師として、ウィリアムズとともに上海で布教活動を行う(中国名は林約翰)。ところが、中国で体をこわしてしまい、日本へ転地療養をすることになった。一八五九年に長崎へ来港し、長崎通詞に英語を教えていたようである。ところが転地療養の甲斐もなく病が悪化したため、一八六〇年に離日することになる。ただ、帰国後は長生きしていることから、どうもアジアの地が体質的に合わなかったのかもしれない。

チャニング・ムーア・ウィリアムズ

ウィリアムズの方について見ていくと、リッチモンド生まれの彼は一八五二年にウィリアム・アンド・メアリー大学を卒業後、バージニア神学校に入学している。ここでリギンズの同級生となる。一九五五年に同校を卒業し、翌年リギンズとともに上海で布教活動を行う（中国名は維廉）。一八五九年、リギンズ来日の二カ月後に長崎へ来港し、一八六六年からは中国・日本伝道主教として布教活動に専心した。教育の面では、大政奉還後に大坂の川口居留地で英語塾を開き、一八七四年には築地居留地に立教学校を開いている。一八九三年に帰国するが、一八九五年には一時再来日している。ちなみに、先に少し触れた『華英字典』の編纂者でもあるサミュエル・ウェルズ・ウィリアムズ（Samuel Wells Williams〈衛三畏〉一八一二〜一八八四）とは別人である。こちらのウィリアムズは帰国後、中国学者として活躍している。ついでにいえば、こちらのウィリアムズもペリーの通訳として来日しているが、あまり一般には知られておらず残念である。

さて、一年足らずの滞在の間でリギンズが著した日本語会話集に『英和日用句集』（*Familiar Phrases in English and Romanized Japanese* 一八六〇年）がある。これは長崎地方の口語を知る上で貴重な資料であるのみならず、後述するヘボンのローマ字表記にも強い影響を与えた点で、極めて重要なものである。ただ、その割にはあまり言及がされず、今後も研究が必要な資料の一つとなっている。常盤智子氏の研究によると『英和日用句集』は、唐話資料(中国語学書)である『南山俗語考』との関係が深いという。

『英和日用句集』のローマ字表記では、「じ」に対して'ji'が用いられている。メドハーストの場合は'zi'で、ウィリアムズ(衛三畏)の場合は'zhi'である。このリギンズの改変について金子弘氏は、当時における長崎の日本語発音を反映した結果であると推定している(「リギンズのローマ字転写法と二つ仮名表記」)。ただこれは、音声にそのままローマ字を当てはめたというものではなく、英語話者にとって江戸や都(京都)の言葉との違いを区別させる機能を持っていたということである。例えば都の場合'ji'は'zi'となり、「ぜ」についても長崎では'je'だが江戸では'ze'となる。こうしたことは精緻な観察がなければできないことであり、一つの日本語研究のあり方を示しているものといえよう。

例文については、'How much is this?'に対して'Ko-re wa i-ku-ra.'や'Ko-re wa nam-bo ka.'といった文が挙がっている。こうした例文のいくつかは、次で触れるブラウンの会話書の中にも採用されており。後に与えた影響の大きさをうかがわせる。

(2) ブラウン、ヘボン

優れた会話書や辞書を編纂した宣教師たちには、一つの共通点があった。それは聖書翻訳事業である。一八五九(安政六)年に七人のアメリカ人宣教師が神奈川の成仏寺に集まり、海外で翻訳された日本語聖書を持ち寄った。シンガポールにあるアメリカ外国伝道協会の印刷所「堅夏書院」で印刷された、カール・ギュツラフの『約翰福音之伝』の披見や、琉球でなされたベッテルハイムの聖書翻訳事業などについての意見交換がなされたのである。明治維新後、しばらくキリスト教禁制が続く中で、彼らは決死の覚悟をもって「新約聖書馬可伝」(マルコ)、「同約翰伝」(ヨハネ)、「同馬太伝」(マタイ)を刊行する。こうした事業の主導的役割を担ったのがブラウンやヘボンであった。

サミュエル・ロビン・ブラウン

サミュエル・ロビン・ブラウン(Samuel Robbins Brown　一八一〇～一八八〇)はコネチカットに生まれ、イエール大学を経て、サウスカロライナのユニオン神学校で学び、卒業後、宣教師として中国へ渡っている。一八三九年にマカオへ到着、ここでモリソン記念学校長となる。なお校舎は「約翰福音之伝」の刊行者であるギュツラフ邸であった。一八五九(安政六)年に来日し、一八七九(明治一二)年まで神奈川や横浜に滞在し社会事業や教育に従事する。この間、新潟英学校教師、修文館教師なども歴任している。一八七三(明治六)年には神学塾ブラウン塾を開校、一八七四（明治七）年に新約聖書翻訳委員社中発足にともない委員長に就任し、ヘボンとともに聖書翻訳事業の中心的存在となった。

ちなみに、聖書翻訳に際しては平易な口語を旨とする流れと、格調高い漢文風を志向する流れの二つがあったようで、宣教師たちは伝道の重要性から平易な口語訳を重視していた。しかしながら、格調を重んじる日本人信者の働きかけもあり、最終的には漢訳聖書を参考に、和漢混交調の文体が採用される至った。「太初《はじめ》に道《ことば》あり道《ことば》は神《かみ》と偕《とも》にあり道《ことば》は即《すなは》ち神《かみ》なり」という「明治元訳聖書」の一節は有名であろう。なお、中国を経由して来日したブラウンの経歴から見てもわかるように、多くの宣教師は漢文を理解できており、漢文訓読による文語文についても相当の理解がなされていたのは間違いない。この辺りは、宣教師の日本語研究の中で注目すべきことの一つである。

『会話日本語』

さて、ブラウンが行った日本語研究の中で最も注目すべきものは、一八六三年に上海で刊行された『会話日本語』（*Colloquial Japanese or Conversational sentences and dialogues in English and Japanese, together with an English-Japanese index to serve as a vocabulary and an introduction on the grammatical structure of the language*）である。これは一二七〇近い会話用例文と、七場面での会話実例から

成っており、巻頭に日本語の文字、発音、文法に関する解説を付している。ちなみにこの解説は西洋の日本学者たちにも大きな影響を与えており、ホフマンの『日本文典』にもブラウンの所説に従った記述が多く見られる。

『会話日本語』の第一番目の例文は以下のものである。

1.　A bow-knot is easy to untie.
Hi-za o-ri ni mu-sz-bu to to-ke ya-sz-u go za-ri -ma-s.
ヒザオリニムスブトトケヤスウゴザリマス
Do. Hi-za o-ri ni mu-sz-bu to to-ke ya-sz-i.
ヒザオリニムスブトトケヤスイ

ハイフンに従ってそのまま読むと、いかにも宣教師の日本語に聞こえそうで面白いが、いきなり「膝折り結び（蝶結び）」とは、侮りがたい会話集である。常体・敬体の二例を挙げている点は、ブラウンがいかに実際の会話を重視していたかを示しているところでもあろう。相手によって言葉を変える点については、例えば人の死に対する知らせについて、以下の文を挙げている。

201.　He is dead.

A-no o-ka-ta wa o na-ku-na-ri na-sa-re-ma-sh'-ta.（of a superoir《ママ》）

アノオカタハオナクナリナサレマシタ

201.　A-no h'-to wa shi-na-re-ta（or）sh'-ki-o.（of a commoner）

アノヒトハシナレタ　シキヨ

Do.　Ta-i ku-n wa ko-o ki-o a-so-ba-sa-re-mashi'-ta.（of the Tai-kun）

タイクンハゴ《ママ》ウキヨアソバサレマシタ

Do.　Da-i-mi-o wa go se-i ki-o na-sa-re-ma-sh'-ta.（of a Daimio）

ダイメウハゴセイキヨナサレマシタ

「亡くなる」を敬体として、一般、将軍、大名、それぞれに対して「死去、薨去、逝去」というように使い分けがなされている点が、実にうまく示されている。他にも「Cut it in two.　キッテフタツニシロ（八〇）」「He has been gone all day.　アノヒトハキヤウハイチニチウチニオリマセナンダ（二六〇）」「He asks too much for his goods.　アレガシロモノハネガタカイ（三二三）」「His mind is not on his work.　アレハスルコトニミヲイレヌ（三五八）」という調子で、英学者の勝俣銓吉郎は「実によく消化《こなれ》て居る」（「古い会話書」）と絶賛している。また「ませなんだ」といった用例など、幕末期の日本語を知る上で貴重な資料にもなっている。なおブラウンは一八七五年に、当時一般的であった読み書き中心の英語教育法に対して、*Prendergast's Mastery system, adapted to the study of Japanese or English* という、オーラルを極めて重視した教科書を編纂している。語学の才のある人は、やはり目の付けどころも違うようである。

ジェームス・カーチス・ヘボン

さて、ブラウンとともに活躍したジェームス・カーチス・ヘボン（James Curtis Hepburn 一八一五〜一九一一）はペンシルベニア州ミルトンに生まれた。'Hepburn' という姓は一般に「ヘップバーン」と記されるが、ヘボンの場合は自身が「平文」と号したこともあり、そのまま「ヘボン」で通されることが多い。オードリー・ヘボンやキャサリーン・ヘボンなどと書かれていると驚いてしまうが。

ヘボンは一八三二年にプリンストン大学卒業後、ペンシルベニア大学に入学している。一八三六年にはペンシルベニア大学を卒業し、医学博士号を取得。一八四一年にシンガポールへ到着、一八四三年にはマカオを経由してアモイへ到着。一八四六年にはニューヨークで病

ヘボン肖像

院を開業する。一八五九（安政六）年、北米長老教会宣教医として来日し、神奈川で医療活動を開始する。ちなみに一八六二（文久二）年の生麦事件（薩摩藩士によるイギリス人殺傷事件）で怪我人の治療にあたったのは、このヘボンである。ヘボンの医師としての能力は大したものであったらしく、結果として多くの人々から信用され慕われていった。一八六三（文久三）年には、横浜に男女共学のヘボン塾を開校し教育活動に着手する。一八七一（明治四）年にはヘボン塾女子部が独立して洋学塾となるが、これは現在のフェリス女学院の母体でもある。一八七二（明治五）年からは、同僚の宣教師らと福音書の翻訳を本格的に開始する。教育活動の面では、一八八七（明治二〇）年に明治学院を設立、初代総理に就任している。一八九二（明治二五）年に帰国。明治学院にはヘボン編纂辞書の印税をもとに建てられた通称「ヘボン館」と呼ばれる立派な校舎が存在したが、ちょうど外務省の電報によってヘボンの死が日本に伝えられた一九一一年（明治四四）年の九月二一日早朝、奇しくも不審火によって焼失してしまう。まことに数奇な話である。

『和英語林集成』

このヘボンの業績について、キリスト教的にはやはり聖書翻訳事業を筆頭に持ってくるべきかもしれないが、日本語研究に関していうならば、日本最初の本格的な和英辞典編纂と、それに関わる日本語のローマ字表記法の確立であろう。いわゆる「ヘボン式」で記載された『和英語林集成』(*A Japanese and English Dictionary; with an English and Japanese Index*)の刊行である。これは一八六七(慶応三)年に初版(上海印刷、横浜刊行)、一八七二(明治五)年に二版、一八八六(明治一九)年に三版が刊行されている。二版以降は英題が *A Japanese-English and English-Japanese Dictionary* であるように、英和辞典の部分も増補されている。初版の見出し語は二万七七二語で、版を重ねるごとに見出し語も増補がなされ、最終的には約三万五千語にも及ぶ。和英・英和辞典ではあるが、適切な見出し語の選択と優れた語釈から、国語(日本語)辞典の一種と見ることもできる。明治学院大学図書館では、これらをデジタルアーカイブスで公開しており、各版の書誌や解説が簡便に参照できるようになっている(http://www.meijigakuin.ac.jp/mgda/index.html)。ヘボンの精神が受け継がれているようである。

『和英語林集成』のローマ字表記は、版を重ねるごとに修正が加えられており、現在「ヘボン式」と呼ばれるものは、第三版で確定したものを指している。試みに初版のローマ字表記法を挙げると一七七頁の通りである(一の部分は見出し語にないもの)。

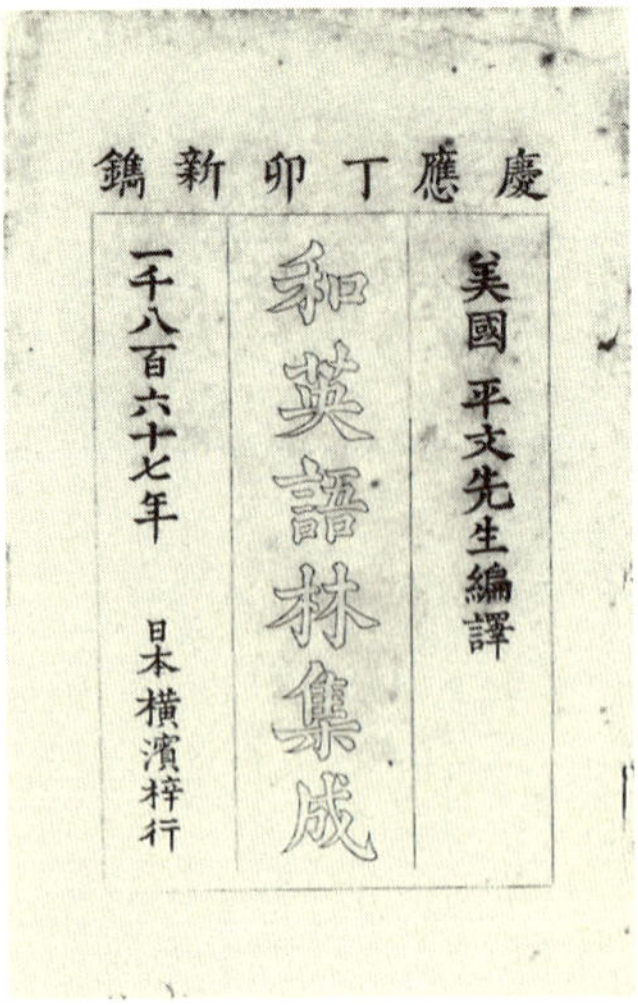

『和英語林集成』(大阪府立大学蔵)

こうした業績を見ていると、その語学的才能の豊さに舌を巻いてしまうが、その背後には血のにじむような努力もあった。ヘボンは一八六四年一一月二八日付のラウリー宛書簡の中で、日本語学習と研究の困難さを次のように述べている。

わたしは辞書の編集を着々とつづけております。(中略)できるかぎり完全なものにしたいし、単なる商業上の語彙にしたくもありません。将来、宣教師たちの助けとなり、その労力を軽くしたいのです。少なくとも、この辞書なしに言語を学ぶより四分の三の労力を軽減したいのです。

A	I	U	YE	O				
KA	KI	KU	KE	KO	KIYA	—	KIYO	K'WA
SA	SHI	SZ	SE	SO	SHA	SHU	SHO	
TA	CHI	TSZ	TE	TO	CHA	—	CHO	
NA	NI	NU	NE	NO	NIYA	—	N'YO	
HA	HI	FU	HE	HO	HIYA	—	HIYO,	H'YO
MA	MI	MU	ME	MO	MIYA	—	MIYO	
YA	(I)	YU	(YE)	YO				
RA	RI	RU	RE	RO	RIYA	—	RIYO	RA
WA	(I)	(U)	(YE)	(O),WO				
GA	GI	GU	GE	GO	GIYA	—	GIYO	G'WA
ZA	JI	DZ	ZE	ZO	JA	JU	JO	
DA	(JI)	(DZ)	DE	DO	(JA)	(JU)	(JO)	
BA	BI	BU	BE	BO	BIYA	—	BIYO	

『和英語林集成』初版ローマ字表記法

辞書または資料的な助けなくしては、日本語を学ぶことがどんなにむずかしいか、わたしはもちろん、当地の宣教師ども一同もよく知っているのです。これは非常に骨の折れる仕事で、フランス語の勉強などはそれに比べると一種の気晴しみたいです。

（高谷道男編訳『ヘボン書簡集』一五二頁）

続けてヘボンは、この辞書について「これを望んでいるのは外国人ばかりでなく、日本人も等しく求めているからです」（同、一五四頁）として、完成に対する神の加護を祈って手紙を終えている。辞書編纂と信仰という意味ではキリシタン宣教師による『日葡辞書』を彷彿とさせるものがある。ヘボン式ローマ字表記の普及の程を考えると、ヘボンの努力は十分報われたといえようか。

外交官・宣教師と日本語

このように外交官と宣教師の日本語研究について見ていくと、ともに口語(話し言葉)を重視していたという共通点を見出すことができる。考えてみれば当たり前の話で、外交も布教も、顔と顔を突き合わせて対応しないとうまく事が運ばない以上、口語の方に目が向くのは必然的である。口語への言及については一六世紀末のキリシタン宣教師とも共通しているが、さらなる共通点として、口語と対応する文語(書き言葉)についても、相応の関心と研究を行っていたことにも注目すべきであろう。外交官の場合は、外交文書といった文語の読解能力がなければ、それこそ話にならなかったであろうし、宣教師の場合も、聖書翻訳にあたって漢訳聖書を利用したように、漢文訓読に対する理解も必要とされるという事情もあった。ここに、両者が文語・口語両方の面において通暁する必要に迫られたともいえるのである。これは、ヨーロッパの日本学者の多くが、日本語母語話者と接触する機会に恵まれなかった分、どうしても文語に比重を置いた研究に傾かざるを得なかったことと、大いに事情を異にする。さらに日本学者の場合は、「異国趣味」的な関心という当時の学知の持つ視線から、完全に自由ではなかった。結果として古典重視の、いわば「教養としての日本語」に似た、一つの研究対象にとどまったといっても差し支えないだろう。実際、多くの日本学者はアイヌ語や琉球語、朝鮮語などについても広く興味を示している（ただ宣教師も、布教相手の話す言葉として、これらの言語に対する研究は怠らなかった）。

ある言語をどのように見るのかについては、それこそ地域や時代によって大いに異なったものとなる。戦時中の「敵性語」などは極端かもしれないが、例えば、今日においてオランダ語を習得することは、いかに困難であることか（インターネット等の普及で、以前よりは大分便利にはなったが）。英語との比較を思うたび、やはり時代性を意識せずにはいられない。そういう意味において、西洋諸国における日本語も、時代ごとにその扱いの程度や扱われる対象範囲が異なっていたのである。外交官や宣教師にとっての日本語も、いわば時代の鏡の一つであった。

おわりに　日本語研究の〈内〉と〈外〉——お雇い外国人の意味

前章までに見てきた、外国人による日本語研究の流れは、明らかに国学者による日本語研究との相違を持ったものであった。これは日本語が研究者にとっての第一言語であったかどうかというだけではなく、日本語に対する取り扱い方そのものにも表れている。例えば、宣教師や外交官にとっては布教や外交活動のために必要な口語への視線が不可避のものとなり、また日本学者においては、当時の東洋学の枠組みと同様に、一種異国趣味にも似た言語文化論が展開されていた。こうしたことから、日本語に対するまなざしについて、「はじめに」で触れたような問題設定に還ってみると、まさしく、日本人による日本語研究が〈内〉の視点によるものとなり、外国人の日本語研究とは〈外〉の視点によるものだということになる。その意味で、前章までの日本語研究の流れは、いわゆる〈外〉の視点としての特性を十分に示していると理解されるかもしれない。

しかしながら、こうした〈内〉と〈外〉といった観点は、少なくとも明治以降に至って極めて危ういものとなってくる。これを「洋服を着てパンを食べる日本人」といった表層的なイメージだけで説明しようとすれば、かなりの眉唾物となり得ようが、日本における西洋近代化の流れは、こうした表層性にとどまらない根の深いものとなっている。これを日本語研究の立場から見ていくとどうなるか。これは、日本語研究の〈内〉と〈外〉といった視点構成の意味を問うことにもなる。

「お雇い外国人」の存在

幕末から明治期にかけて、「お雇い外国人」と呼ばれる多くの西洋人専門家が日本を訪れたことは、日本史の世界でもお馴染だろう。一八七二(明治五)年刊行の『御雇外国人一覧全』(中外堂)を見てみると、当時のお雇い外国人に対する給与が相当破格なものであったことがわかる。これによれば、黒田清隆の招聘により開拓使教師頭取兼開拓顧問として来日したホーレス・ケプロンの年俸は一万円とある。当時の一万円といえば現在の数億円相当ともいわれるが、ケプロンは現職のアメリカ合衆国農務局長(農務長官)であったから、破格の対応にもそれなりの意味はある。それでも、他のお雇い外国人も高給優遇であったようで(造幣寮支配人のウィリアム・キンダー(もと香港印刷局長)の場合は月給一〇四五円)、それに見合った働きを要求されながらも、みな真剣に日本の近代化に尽力したわけである。

このような中で、日本語研究の分野ではバジル・ホール・チェンバレン(Basil Hall Chamberlain　一八五〇～一九三五)が来日し、一八八六(明治一九)年設立の帝国大学文科大学(後の東京帝国大学）で初めて博言学を担当することとなった。日本における「西洋建築の父」が工部大学校教授のジョサイア・コンドルであるように、日本における「言語学の父」は、さしずめチェンバレンということになるだろうか。お雇い外国人がもたらした西洋近代化は多方面にわたるため、各分野で「〜の父」が存在するが、帝国大学で歴史学を講じたルートヴィヒ・リースは、日本人と結婚して娘をもうけたことから、本当の「父」も中にはいた（娘の加藤政子は『わが父はお雇い外国人』という談話筆記を残している）。

バジル・ホール・チェンバレン

チェンバレン肖像

ポーツマス生まれのチェンバレンは、祖父が『朝鮮・琉球航海記』の著者として名高い軍人バジル・ホールという、いわば名家の出であった。一八五八年にベルサイユへ移住し、フランス語、ドイツ語を学ぶ。帰国後はオックスフォード大学への進学を志していたようだが、病弱であったためうまくいかず、ベアリングス銀行へ就職するも、やはり病がもとで程なく退職する。蒲柳の質であったといえようが、健康回復のためにヨーロッパ各地を回り、結果として名家の子弟にふさわしい国際的な深い教養を身につけるに至った。真の教養人にとって学歴とはあまり意味がないようである。健康維持のために三年近くマルタ島に滞在した後、医者の勧めで長期の航海を決意、一八七三(明治六)年にお雇い外国人として来日することになる。祖父は琉球、孫は日本、と本当に国際的な一家であるが、そういった生活を可能とする財力の豊かさにも驚かされよう。一八七四(明治七)年に海軍兵学寮(海軍兵学校)英学教師、一八八六(明治一九)年から一八九一(明治二四)年まで帝国大学文科大学外国人教師として博言学(言語学)を講じる。一九一一(明治四四)年に離日し、以降はジュネーヴに居住した。東京帝国大学からは名誉教師の称号を与えられている。王堂と号し、自身は署名などで「チャンブレン」としていた。没後、蔵書の一部は弟子の杉浦藤四郎に贈与され、現在は愛知教育大学附属図書館に所蔵されている。チェンバレンの没した一九三五年には、雑誌『英語青年』(七三—二)、『国語と国文学』(一二—四)、『心の花』(三九—四)において「チェンバレン特集号」が組まれていることからもわかる通り、日本人にも多くの影響を与えた研究者の一人であった。

『日本小文典』

チェンバレンは文部省の依頼を受け、一つの文法書を著している。一八八七(明治二〇)年刊行の『日本小文典』（文部省編輯局）である。同年四月一三日付の「官報」には次のような記載がある。

此書ハ同省ニテ英人チエンバレン氏ニ嘱シテ著サシムル所ニシテ理法ヲ欧州ニ資リ以テ日本語ノ性質ヲ明ニシ其言語ノ種類ヲ分チ及文章法音韻論ヲ示シ巻中多ク表ヲ挿ミテ学者ノ捷覧ニ供ヘタリ

この『日本小文典』の第一章は次のような文言から始まっている。

文法といふものは、文を作る法のみと心うる人もあるべけれども、左にはあらず、意味至て広くして、文を作り、歌を詠み、通俗にても正しく語りあふ術なり、（一頁）

具体的な内容は他の日本学者のものと同様、西洋語の文法に依拠して編集されている。ここで注目すべきは、「通俗にても正しく語りあふ術なり」というように、作文や作歌に限らず、正しく語り合うためにも文法が必要であると指摘しているところであろう。国学における文法研究では、いうまでもなく作歌のためという側面が極めて重視されていたし、また般的な文語文典のように、文法といえば普通、「書く」ための文法を指していた。そういった「書く」一辺倒の流れの中で、『日本小文典』の記述は、なかなか広範囲にわたったものであったといえる。そして、これが文部省が刊行した文法書であるという点、しかもそれを、外国語として日本語を学んだチェンバレンが著したという点に、明治以降の日本語研究（この場合は文法研究）の意味を見出すことができるのである。

チェンバレンの日本観

チェンバレン自身は、一八八三（明治一六）年に『古事記』の英訳（"Ko-Ji-Ki", "Records of Ancient Matters"）を『日本アジア協会紀要』一〇補遺（*Transactions of the Asiatic Society of Japan* Vol. 10 Supplement）に発表したり、「はじめに」でも少し触れた ***Things Japanese***（一八九〇～一九三六年、一～六版、高梨健吉訳（一九六九）『日本事物誌1・2』平凡社東洋文庫は六版を翻訳）、さらにはメーソンとの共著で日本旅行案内書（*A Handbook for Travelers in Japan* 一八九一年、楠家重敏訳（一九八八）『チェンバレンの明治旅行案内――横浜・東京編』新人物往来社は三版を翻訳）まで著している。こうしてみるとホフマン、ロニー、アストンといった日本学者とほとんど変わらない著述活動をしているといえよう。例えば『日本事物誌』にある次のような日本人論は、ある意味で極めて「西洋の日本学者」的なものである。

日本人の間でしばらく住んだ人びとの判断を平均すると、貸し方の側〔長所〕は、三つの主要な項目に分析することができるように思われる——すなわち、清潔さ、親切さ、洗練された芸術的趣味、である。借り方の側〔短所〕も、三つの項目に分析される。すなわち、国家的虚栄心、非能率的習性、抽象概念を理解する能力の欠如、である。

（高梨健吉訳、三二八頁）

しかしながらチェンバレンの場合、帝国大学文科大学において日本人相手に日本語文法を含む博言学を講じたという点で、他の日本学者とは全く異なる立場にいた。そして、チェンバレンの講筵に列していた上田万年は、ヨーロッパの留学を経て、帰国後、東京帝国大学文科大学教授として国語研究室を主宰するに至る。つまり、他の学術分野における御雇い外国人の位置と同様、チェンバレンも日本語研究という分野を日本において作り上げた一人ということになるのである。これは、日本における日本語の研究を（たとえ一部であるにせよ）「外国人」が作ったということを意味する。雨宮尚治編『亀田次郎先生の遺稿 西洋人の日本語研究』における亀田次郎の講述に従えば、「〔『日本小文典』について〕これは当時広く世に行われたものであるが一方に於ては国民に自覚覚醒を惹起し非常な騒ぎであった。これが刺激になって後年の国語学勃興の気運を促した」(一〇一頁)ものであるらしい。「この小文典は片々たる一小冊子であるが斯かる点から大いに注目すべき著述である」(同)という評価は、外国人の日本語研究に対して極めて大きな意味がある。

〈内〉と〈外〉の意味

ここで「はじめに」で取り上げた、山田孝雄の「西洋人のわが国語を研究したそれは西洋人の立脚地からいへば、日本語学といふには差支はあるまいが、国語学といふことは出来ぬ訳である」という言を思い返してみると、そのように「国語学」を定置しなければならなかった視点構成こそが、日本語研究における〈内〉と〈外〉の意味であったといえる。例えば山田は『国語学史要』の中で、馬場辰猪が一八七三年に著した日本語文法書(*Elementary grammar of the Japanese language*)について絶賛している。これは馬場が、日本語廃止論を唱えていた森有礼への反論として、また、日常の日本語にも十分な法則があることを示そうとして、イギリス滞在中にまとめたというものである。言語研究とはあまり縁のなかった馬場の経歴から見てもわかるように、実際のところ、英文法書の内容を直線的に日本語へ当てはめた箇所が多い。中には鋭い観察がなされている部分もあるが、内容としてはホフマンやアストンのものの方が格段に上である。それでも山田は大絶賛し「これまでの間に口語法の上に大きな事功をたてたのは馬場辰猪を第一とせねばならぬ。われ〳〵はこの国語擁護の大恩人を永遠に記憶して忘れてはならぬ」(三〇〇頁)としている。所説はさておき、その心意気やよし、というところであろう。これは外国人の日本語研究の中で示されている日本語論と、一種鏡像関係にあるとみなすこともできる。つまり、異国趣味や東方憧憬によって構築された日本(語)は、彼らの心象においては極めて自然であったとともに、そのように考えることが自国の優位性と繁栄の程を示すものであったからである。視点の〈内〉と〈外〉というものが、直接的な空間関係のみならず、心象的な内なる〈内〉と〈外〉でもあったことに気づくであろう。外国人の日本語研究という観点は、ジュリア・クリスティヴァのいう「我らの内なるもの」としての「外国人」が行う日本語研究に他ならなかったのである。

ただし、実際に空間的な懸隔が生じていた以上、外国人の日本語研究と日本人の日本語研究とでは、研究の継承過程や参照すべき資料の多寡などといった点で、どうしても違いが出てくるのは致し方ない。ただ、もしそうだとするならば、日本の外国人が行った本格的な日本語研究の場合、その違いは極めて微小なものとなる。あるとすれば、第一言語か第二言語かという言語運用能力の差と、究極的に個々の人間的な資質の差であろう。今まで見てきた日本語研究者が、時として奇異に映り、時として愛らしく思えるとするならば、そうした人物こそが日本語に対する興味を持ち得るという意味で、言語の奥深さ(奇々怪々さ)を再確認することになったのかもしれない。

こうしたことからも、キリシタン宣教師から始まり、オランダ商館の人々を経て、幕末・明治期の日本学者、外交官、宣教師と垣間見ていった中で、大枠では「イギリスの日本学者」の範疇に収まるものの、お雇い外国人として活躍したチェンバレンは、やはり今までの「外国人の日本語研究」とは異なる位置付けが必要であるように思えるのである。それは、チェンバレンの登場によって、日本語研究における〈内〉と〈外〉という視点構成に対して再検討が必要となるからである。

チェンバレンの日本語研究

ところで、チェンバレンの主要な日本語研究を挙げると以下のようなものがある（なお、日本学者なら当然持っていた系統論への関心を示すように、日本語以外にもアイヌ語や琉球語に関する論考や文法書も著している）。

A Romanized Japanese Reader: Consisting of Japanese Anecdotes, Maxims, etc., in Easy Written Style; with an English Translation and Notes　一八八六年

A Simplified Grammar of the Japanese Language　一八八六年

『日本小文典』（文部省編輯局）　一八八七（明治二〇）年

A Handbook of Colloquial Japanese　一八八八年、一八八九年、一八九八年、一九〇七年

A Practical Introduction to the Study of Japanese Writing　一八九九年、一九〇五年

最後の*A Practical Introduction to the Study of Japanese Writing*は、『文字のしるべ』という邦題も付けられた日本の文字に関する研究書である。この中では「一、二、三、四、五、六、七、八、九、十、百、千、萬、万、日、月、明、治、何、年、…凡そ」といった漢字が「基本漢字」として挙げられている。岡墻裕剛氏の研究によれば、ここで挙げられた基本漢字二四九三字、追加漢字二〇四〇字は、後に「日下部表」（一九二三年）や『日本基本漢字』（一九四一年）といった、日本語における基本漢字研究の基礎になったと考えられるという。教育の分野において基礎漢字の選定は極めて有効で、国語教育でも小学校では学年別漢字配当表が制定されている。日本語教育においても然りであるが、こうした研究は「非漢字使用語話者における日本語の漢字学習」という観点からは極めて興味深いものだが、ここに〈内〉や〈外〉の視点構成を意識するのは、あまり生産的なことではないだろう。

チェンバレンの位置付け

また、チェンバレンの本領発揮ともいえる文法研究の分野では、文語、口語あわせて三種類の文法書を残している。『日本小文典』については先に触れたが、チェンバレンの代表的な著述といえる *A Handbook of Colloquial Japanese* は四版にもわたって版を重ね、多くの改訂がなされた。また、大久保恵子編・訳『チェンバレン『日本語口語入門』第二版翻訳付索引』、丸山和雄・岩崎攝子訳『チャンブレン著「日本口語文典」全訳』など、主要な版の翻訳も存在する。こうしたチェンバレンの著述の多くは日本で刊行され、後に西洋でも日本語学習のために多く用いられるようになったのだが、こうした著述が日本人の目に触れるということについては、極めて大きな意味があった。お雇い外国人として来日し、帰国後日本語教師として活躍した者に、第四章で触れたランゲがいるが、彼の場合は日本で博言学を講じたわけでもなく、ましてやランゲの著述が日本の中で言及されるということもほとんどなかった(ただし、ランゲの日本学研究はドイツにおいて大きな位置を占めていた)。つまりチェンバレンは当時の日本にとって、西洋人の日本語研究(日本学)をいわば可視的に体現していたのである。しかもそれは、範とすべき近代的学問体系そのものでもあった。つい三〇年ほど前に日本へ現れたペリー総督は、その来航が地方へ伝播するに及んで、天狗の如き面相へと変化してしまったが、お雇い外国人として来日し、文部省の依頼に応じて日本語の文法書を編纂したイギリス人は、気品に満ちた温厚そうな紳士として、帝国大学で博言学を若き学生たちの前で講じている。これはやはり劇的な展開でもあるだろう。お雇い外国人が高給であったということは、そうでもしないと成り手がいないという事情も関係していたようだが、名家の出のチェンバレンの場合、高給であることはさほど意味がなかった。それよりも、日本そのものへの興味が高まり、それが日本滞在によって結実したと考えれば、そのまま日本へ帰化するまでに至ったラフカディオ・ハーン（小泉八雲）とまではいかないにせよ、日本人に与えた影響の程がうかがえよう。同じく日本学者として極めて優れた業績を残したホフマンやアストンと比較しても、その差は歴然としている。その意味でチェンバレンは、日本語研究における〈外〉なるものの視点を、日本人に対してまざまざと見せつける役割を果たしていたともいえるのである。

チェンバレンへの批判

こうしたチェンバレンの研究を前にして、上田万年や芳賀矢一らがヨーロッパへ留学し、帰国後東京帝国大学教授に就任することとなった。留学組の帰国によって、国内での日本語研究者の育成が徐々に進行していくに従い、チェンバレンの日本語研究についてもさほど言及されなくなってくる。そもそも、チェンバレンが日本語文法書を著したことについては、

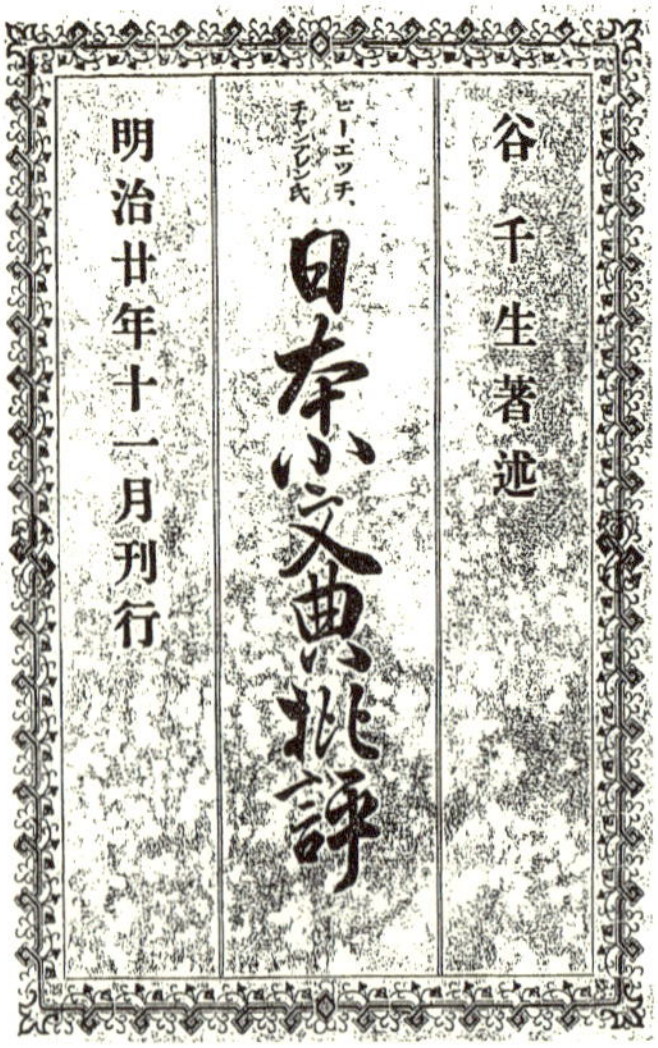

谷千生『ビー、エッチ、チャンブレン氏 日本小文典批評』

当時からも国辱的であるといった批判が挙がっており、『日本小文典』に対して国学者の谷千生は、すでに同年、『ビー、エッチ、チャンブレン氏 日本小文典批評』を著している。若き日の山田孝雄も、おそらくはこうした状況に義憤を感じていたことであろう。明治三〇年代の日本語文法書を代表するものに大槻文彦の『広日本文典』(一八九七年)が挙げられるが、これは英文典の影響を強く受けた折衷文典で、チェンバレンのものとは別に、やはり克服すべき存在として認識されていた(当然、山田は『広日本文典』に対しても極めて批判的である)。

実際のところ、チェンバレンの所説には西洋中心主義的な見方を感じさせる部分が多々ある。例えば、彼の『源氏物語』に対する評価は大変低いもので、ちょうど次の世代にあたるアーサー・ウェイリーの論考などと比較すると、やはり旧来型の日本学者のものという印象は否定できない。平川祐弘氏は『アーサー・ウェイリー——『源氏物語』の翻訳者』の中で、チェンバレンの『源氏物語』に対する評価について大いに批判している。なお、川勝麻里氏の研究によれば、チェンバレンは一八八二(明治一五)年の末松謙澄による英訳によった可能性も否定できないようで、だとすれば、そこには翻訳の影響が関係していると考えられるかもしれない。それにしても、先の『日本事物誌』の引用にもあった「抽象概念を理解する能力の欠如」といった把握を見れば、西洋中心主義的であるという批判も至極もっともなことにみえる。

西洋中心主義のもたらしたもの

しかし、そうした旧来型の西洋中心主義的観点を、日本人がまざまざと見せつけられることによって、ある意味では〈内〉と〈外〉といった視点の内実を、日本人の中で具体化することが可能になったといえるだろう。このことを日本語について見てみると、少し乱暴な言い方ではあるが、日本語研究における〈外〉の視点なるものを設定することによって、日本語に対する自覚と反省を促した、すなわち〈内〉の視点を展開することができた、ということになるのかもしれない。ただ、チェンバレンに対する敬慕の念に満ちた随筆や回想などを読めば、こうした〈内〉と〈外〉なるものが、好悪の問題では片づけられない問題であることも、また事実である。それは「日本の現代の開化は外発的である」という夏目漱石の至言を、如実に反映したものであるに違いない。

最後に、チェンバレンの著述の中には、少しばかり変わった書名のものが一つある。一九三三年刊行の ... *encore est vive la Souris* で、『鼠はまだ生きてゐる』と邦訳されている(吉阪俊蔵訳(一九三九)、岩波新書)。これは、チェンバレンがジュネーブで隠棲していた頃、イギリスの新聞が誤って彼の死亡扱いの記事を出したという珍事を受けて刊行された、ウィットに満ちた随想録である。この中でチェンバレンは次のような箴言を述べている。

画一性こそ敵である。一切が混合主義の方へ、すなわち平板なる単調さの方へと向っている世界の中で、残っている独創的な文化を救うべく努めよう。

(吉阪俊蔵訳、一〇七頁)

西洋中心主義的との批判も承知の上で、この言葉をかみしめてみると、混交する視点、すなわち外国人の日本語研究を垣間見ることは、「平板なる単調さ」への抵抗といえはしまいか。

参考文献（本文引用・参考順、原著については省略）

志賀直哉「国語問題」（『改造』二七―四、一九四六）
真田信治・友定賢治編『県別罵詈雑言辞典』（東京堂出版、二〇一一）
白藤禮幸・杉浦克己編著『国語学概論』（放送大学教育振興会、一九九八）
上田万年・安田敏朗校注『国語のため』（平凡社東洋文庫、二〇一一）［上田万年（一八九七）『国語のため』冨山房、上田万年（一九〇三）『国語のため 第二』冨山房の合冊校注］
時枝誠記『国語学史』（岩波書店、一九四〇）
山田孝雄『国語学史要』（岩波書店、一九三五）［復刊（書肆心水、二〇〇九）］
松村明『洋学資料と近代日本語の研究』（東京堂出版、一九七〇）
杉本つとむ『西洋人の日本語発見――外国人の日本語研究史』（講談社学術文庫、二〇〇八）［初出（創拓社、一九八九）］
馬渕和夫・出雲朝子『国語学史――日本人の言語研究の歴史』（笠間書院、一九九九）
根来司『てにをは研究史――てにをは秘伝書を中心として』（明治書院、一九八〇）
根上剛士『近世前期のてにをは書研究』（風間書房、二〇〇四）
中田祝夫・竹岡正夫編『あゆひ抄新注』（風間書房、一九六〇）
竹岡正夫編『かざし抄新注』（風間書房、一九七三）
子安宣邦『江戸思想史講義』（岩波書店、一九九八）
シュールハンマー・ヴィッキ編／河野純徳訳『聖フランシスコ・ザビエル全書簡３』（平凡社東洋文庫、一

九九四）
山東功「キリシタンの見た日本語」（『日本語学』二九―一四、二〇一〇）
鈴木広光「印刷史における大航海時代」（『文学』二―五、二〇〇一）
池上岑夫訳『ロドリゲス　日本語小文典（上・下）』（岩波文庫、一九九三）
折井善果「流転のキリシタン版『ひですの経』について」（『日本古書通信』七四―九、二〇〇九）
川口敦子「バレト写本の「四つがな」表記から」（『国語学』五一―三、二〇〇〇）
岸本恵実「キリシタン版『羅葡日辞書』とその原典」（国語語彙史研究会編『国語語彙史の研究　二十四』和泉書院、二〇〇五）
岸本恵実・豊島正之「バレト著「葡羅辞書」のキリシタン語学に於ける意義」（石塚晴通教授退職記念会編『日本学・敦煌学・漢文訓読の新展開』汲古書院、二〇〇五）
五野井隆史『日本キリシタン史の研究』（吉川弘文館、二〇〇二）
鈴木広光「翻訳書としてのキリシタン文献」（『日本語学』一七―七、一九九八）
土井忠生訳『ロドリゲス　日本大文典』（三省堂、一九五五）
土井忠生『吉利支丹語学の研究　新版』（三省堂、一九七一）
豊島正之「翻訳が担うもの――キリシタン文献の場合」（『文学』八―六、二〇〇七）
濱田敦『朝鮮資料による日本語研究』（岩波書店、一九七〇）
丸山徹「「大航海時代の語学書」としてのキリシタン文献」（『南山国文論集』二〇、一九九三）
丸山徹「キリシタン資料語学書研究の「これから」」（『文学』二―五、二〇〇一）
鈴木武雄「17世紀：日本からヨーロッパへ――Petrus・Hartsingius・Japonensisの場合」（『数学教育研究』四〇、二〇一一）

金井圓『日蘭交渉史の研究』(思文閣出版、一九八六)
長崎県教育委員会編『出島』(長崎県教育委員会、二〇〇六〔改訂版〕)
フィッセル/庄司三男・沼田次郎訳注『日本風俗備考 1』(平凡社東洋文庫、一九七八)
クルチウス/三澤光博訳『日本語文典例証』(明治書院、一九七一)
日独文化協会編『シーボルト研究』(岩波書店、一九三八)
B・M・ボダルト=ベイリー/中直一訳『ケンペル――礼節の国に来たりて』(ミネルヴァ書房、二〇〇九)
吉町義雄『北狄和語考』(笠間書院、一九七七)
石田幹之助『欧米・ロシア・日本における中国研究』(科学書院、一九九七〔合本復刻〕)〔初出『欧米に於ける支那研究』(創元社、一九四二)〕
富田仁編『事典 外国人の見た日本』(日外アソシエーツ、一九九二)
高田時雄編『東洋学の系譜 欧米篇』(大修館書店、一九九六)
亀田次郎「創刊蘭文日本文典及其著者(上・下)」(『國學院雜誌』二〇―一二、二一―四、一九一四、一九一五)
フランツ・バビンガー/古田啓「日本語学者列伝 ホフマン伝(1)~(3)――ヴュルツブルクの一東洋学者」(『日本語学』五―六~八、一九八六)
古田啓「幕末期の欧米人による日本語研究――日本語学者列伝 ホフマン伝 補遺(上・下)」(『日本語学』五・九~一〇、一九八六)
古田啓「ヨハン・ヨーゼフ・ホフマン――生涯と業績」(『お茶の水女子大学人文科学紀要』五七、二〇〇四)

三澤光博訳『ホフマン　日本語文典』(明治書院、一九六八)
山内昶『青い目に映った日本人――戦国・江戸期の日仏文化情報史』(人文書院、一九九八)
クリセル神父校閲／吉田小五郎訳『レオン・パジェス　日本切支丹宗門史　下』(岩波文庫、一九四〇)
八木正自「Bibliotheca Japonica (117)　パジェスの日本研究と辞書編纂」(『日本古書通信』七二―九、二〇〇七)
谷口巖「レオン・ド・ロニー年譜及び著作目録ノート――その出生より明治六年まで」(『愛知教育大学研究報告(人文・社会科学)』二七、一九七八)
谷口巖「日本語研究初山踏――一八五四(嘉永七)年、ロニー一七歳の著作のこと」(『日本文化論叢』三、一九九五)
松原秀一「レオン・ド・ロニ略伝」(『近代日本研究』三、一九八六)
田中梅吉『総合詳説　日独言語文化交流史大年表』(三修社、一九六八)
高松政雄「早期の日本学者プフィッツマイヤー」(『日本文藝研究』四八―一、一九九六)
高松政雄「ドイツに於ける日本学研究」(『日本文藝研究』四七―四、一九九六)
ペーター・パンツァー、ユリア・クレイサ／佐久間穆訳『ウィーンの日本――欧州に根づく異文化の軌跡』(サイマル出版会、一九九〇)
志村哲也「ヘルマン・プラウト『日本語読本』」(『上智大学ドイツ文学論集』四三、二〇〇六)
ヘルマン・プラウト／森岡健二・志村哲也訳『日本語読本』(大空社、二〇〇六)
森岡健二「日本語会話文典」(佐藤喜代治博士追悼論集刊行会編『日本語学の蓄積と展望』明治書院、二〇〇五)
前田広幸「『和魯通言比考』序言(全訳)」(『女子大文学　国文篇』四三、一九九二)

中村喜和「『和魯通言比考』成立事情瞥見」（山田忠雄編『国語史学の為に 第二部古辞書』笠間書院、一九八六）
片山博「アストンの「神道」著作に関する予備的研究（その1、2）神道論試訳」（『融合文化研究』四、五、二〇〇四、二〇〇五）
楠家重敏『W. G. アストン――日本と朝鮮を結ぶ学者外交官』（雄松堂書店、二〇〇五）
金子弘「アストン「文語文典」改訂の性格」（『日本語日本文学』二〇、二〇一〇）
山口光朔訳『大君の都――幕末日本滞在記』（岩波文庫、一九六二）
櫻井豪人「アーネスト・サトウ『会話篇』Part2訳注稿(1)～(5)」（『茨城大学人文学部紀要 人文コミュニケーション学科論集』七～一一、二〇〇九～二〇一一）
常盤智子「J・リギンズ『英和日用句集』の成立過程――『南山俗語考』との関連を中心に」（『国語と国文学』八一―一〇、二〇〇四）
金子弘「リギンズのローマ字転写法と三つ仮名表記」（『日本語日本文学』九、一九九九）
勝俣銓吉郎「古い会話書」（『英語青年』三〇―九、一九一四）
高谷道男編訳『ヘボン書簡集』（岩波書店、一九五九）
望月洋子『ヘボンの生涯と日本語』（新潮社、一九八七）
大久保恵子編・訳『チェンバレン『日本語口語入門』第二版翻訳付索引』（笠間書院、一九九九［二版の翻訳］）
丸山和雄・岩崎攝子訳『チャンブレン著「日本口語文典」全訳』（おうふう、一九九九［三版の翻訳］）
高梨健吉訳『日本事物誌 1・2』（平凡社東洋文庫、一九六九［六版の翻訳］）
B. H. チェンバレン／岡墻裕剛編『「文字のしるべ」――影印・研究』（勉誠出版、二〇〇八）

青木節一編『バジル・ホオル・チェンバレン先生追悼記念録』（国際文化振興会、一九三五）
楠家重敏『ネズミはまだ生きている――チェンバレンの伝記』（雄松堂出版、一九八六）
佐佐木信綱編『王堂チェンバレン先生』（好学社、一九四八）
川勝麻里『明治から昭和における『源氏物語』の受容――近代日本の文化創造と古典』（和泉書院、二〇〇八）
平川祐弘『アーサー・ウェイリー――『源氏物語』の翻訳者』（白水社、二〇〇八）
チェムバレン／吉阪俊蔵訳『鼠はまだ生きてゐる』（岩波新書、一九三九）

なお、全体として以下の叢書・全集類も引用・参照した。

【叢書】

『異国叢書（全一三巻）』（駿南社、一九二七～一九三一［復刊（雄松堂書店、一九六六）］）
『新異国叢書　第Ⅰ輯～第Ⅲ輯（全三五巻）』（雄松堂書店、一九六八～二〇〇四）
『大航海時代叢書　第Ⅰ期、第Ⅱ期、エクストラ・シリーズ（全四一巻・別巻一）』（岩波書店、一九六五～一九九二）
永積洋子訳『平戸オランダ商館の日記　第一輯～第四輯』（岩波書店、一九六九～一九七〇）
村上直次郎訳『長崎オランダ商館の日記　第一輯～第三輯』（岩波書店、一九五六～一九五八）
東京大学史料編纂所編『日本関係海外史料　オランダ商館長日記（全二六巻）』（東京大学出版会、一九七四～二〇〇九）
東京大学史料編纂所編『日本関係海外史料　イギリス商館長日記（全七巻）』（東京大学出版会、一九七八～一九八二）

【全集】

大野晋・大久保正編『本居宣長全集 第五巻』(筑摩書房、一九七〇)
平田篤胤全集刊行会編『新修平田篤胤全集 第十五巻』(名著出版、一九七八)
竹岡正夫編『富士谷成章全集』(風間書房、一九六一〜一九六二)
吉田小五郎他編『幸田成友著作集 第四巻』(中央公論社、一九七二)
新村出全集編纂委員会編『新村出全集 第三巻』(筑摩書房、一九七二)
新村出全集編纂委員会編『新村出全集 第八巻』(筑摩書房、一九七二)
橋本進吉『キリシタン教義の研究 橋本進吉博士著作集第十一冊』(岩波書店、一九六一)
杉本つとむ『杉本つとむ著作選集8 日本英語文化史の研究』(八坂書房、一九九九)
杉本つとむ『杉本つとむ著作選集10 西洋人の日本語研究』(八坂書房、一九九九)
古田東朔『古田東朔近現代日本語生成史コレクション 第三巻 日本語へのまなざし 内と外から——国語学史1』(くろしお出版、二〇一〇)

あとがき

日本語の歴史といえば、多くの人が頷いてくれるものの、日本語研究の歴史というと、何ですかそれは、という顔をされてしまう。これが筆者二〇年来の体験である。ただ、日頃は神経質に行動しながらも、根底の部分が楽天家なのか、国語教育の歴史やら、移民社会の日本語観やら、時に唱歌へ手をのばし、はては本務校の歴史調査まで行うことで、誰もわかってくれない、などという疎外感を全く持つことなく、好き勝手に楽しんでやってきた（その分、あちこちで御叱りも頂戴しており、汗顔の至りである）。しかしながら本書に関しては、まことに刻苦勉励を強いられた、というのが正直なところである。

外国人の日本語研究については、資料へのアクセスという面で大きな障壁が存在したため、一般的になじみのあるものとは言い難かった。多くの先達のおかげで、何とかそれらの概要をうかがい知ることはできるようになったが、問題はその次に立ちはだかる語学の壁である。英語、フランス語、ドイツ語、オランダ語、ロシア語、ポルトガル語、スペイン語、ラテン語と、それこそ扱う言語の多さに圧倒されて、たいていの場合、テーマとしては敬遠されてしまうようである。標準語ですら外国語に聞こえる大阪弁ネイティブの筆者にとって、こうした語学の壁には常に泣かされ続けてきた。ホフマンやチェンバレンの著述については、ある程度の翻訳も存在するが、ロニーやプフィッツマイヤーなどに至っては、まさしく原書との格闘である。刻苦勉励とはこのことで、ポリグロットの方々からは、それでこの程度かと笑われる話で大変恥ずかしい限りである。

それにもかかわらず、こうした無謀な試みに手を出したのには少なからず理由がある。「国語意識の自覚と反省」という国語学史に対する見方を越えること、すなわち、外国人の日本語研究を含めることにより、日本語研究の歴史は「日本語学史」として成立するのだということ、ほとんど意地のように年来主張してきた立場を明らかにするために、どうしても本書のテーマは避けることができなかったのである。ちょうど、岩波書店編集部の浜門麻美子さん、奈良林愛さんの研究室来訪を受けて、この辺りの意義を力説したところ、本シリーズの一冊に加えて頂くことができた。本当にありがたいことである。ただし、その意欲は別として、語学の壁は如何ともしがたいところがあり(この開き直りが情けないところだが)、思わぬ誤りが散見されるかもしれない。何卒御叱正を願う次第である。

なお、本書では東洋人の日本語研究、例えば朝鮮資料などについて全く言及することができなかった。康遇聖の『捷解新語』(一七世紀前半頃成立、一六七六年刊)は、日本語史の資料としても大変重要なものであるし、東洋(特に東アジア)において日本語はどのように見られたのかは、極めて重要なテーマの一つである。それにもかかわらず、本書で触れなかったのは、中華思想と外国語観との関係など、華夷秩序についての考察が不可欠であり、軽々に扱いきれるものではないと判断したからである。これもひとえに筆者の力量不足の結果である。今後の課題として御海容を賜りたい。

ところで、筆者にとって常に目標であり続けている古田東朔先生の国語学史研究は、近世国学から外国人の日本語研究に至るまで幅広いものである。御自身の著述の中では「日本語学史」という名称を用いられていないけれども、近代における「国語」の成立とその意味について、最も深く考察されている学史家の一人である。本書の執筆に当たっては、学生時代の頃に御手紙で古田先生から教わったことが大変参考となった。また、鈴木広光氏、櫻井豪人氏には、それぞれ宣教に伴う言語学やオランダ商館の人々に関して、詳しい御教示を得た。他にも様々な御助言を各位から頂戴し、本当に感謝してもしきれない程である。古田先生をはじめ多くの方々からの学恩に報いるべく、向後も精進しなければと切に思う。

本書の校正では河野光将君の御世話になった。また、本書の内容は初めて本務校の講義で扱ったものでもある。極めて特殊なテーマであったにもかかわらず、熱心に聴講してくれた学生の皆さんにも御礼を申し上げたい。

最後に、原書確認の不手際から脱稿が大幅に遅れてしまい、刊行まで常に心配をお掛けした奈良林氏には、御詫びを含め深く御礼を申し上げるとともに、こうした変わり種の内容に興味を持って頂いた全ての方々に対して、心から感謝の意を表したい。

二〇一三年九月

山東　功

山東 功

1970年大阪生まれ．2000年大阪大学大学院文学研究科博士後期課程修了．博士(文学)．

大阪女子大学専任講師等を経て，現在，大阪府立大学教授，専攻は日本語学(日本語学史)，日本思想史．

著書に『明治前期日本文典の研究』(和泉書院)，『唱歌と国語――明治近代化の装置』(講談社選書メチエ)ほか．

〈そうだったんだ！ 日本語〉
日本語の観察者たち―宣教師からお雇い外国人まで

2013年10月25日 第1刷発行

著 者 山東《さんとう》 功《いさお》

発行者 岡本 厚

発行所 株式会社 岩波書店
〒101-8002 東京都千代田区一ツ橋2-5-5
電話案内 03-5210-4000
http://www.iwanami.co.jp/

印刷・製本 法令印刷

ISBN 978-4-00-028628-2 Printed in Japan

《そうだったんだ！日本語》全10冊

編集＝井上 優・金水 敏・窪薗晴夫・渋谷勝己

B6判 並製 平均216頁

どんな偶然と必然が今のことばを生んだのだろう――。
万葉集から幕末外交文書、漫画まで。
台湾やブラジルに渡った日本語から、日本各地の方言まで。
子どものうそと大人の皮肉。伝えたいのに伝わらない気持ち。
時空の視野を広げ、標準語の外からの視点を得て、日本語の実像に迫る。

◆正書法のない日本語　今野真二　定価1680円

「怪しい／妖しい」のような「書き分け」にはどんな意味があるのだろう。世界でも例がないユニークな表記法はどうして生まれたのか。

◆日本語は親しさを伝えられるか　滝浦真人　定価1680円

敬して避ける敬語は発達していても、親しく交わる言葉を育んでこなかった標準語。「作法」に寄りかかってきた日本語の百年とこれから。

◆黒船来航　日本語が動く　清水康行　定価1680円

日米和親条約の締結後に浮上した日米間の解釈の相違。責任を問われ退場となった漢文。公的文書の表現は緊迫する外交交渉でどう鍛えられたのか。

◆子どものうそ、大人の皮肉――ことばのオモテとウラがわかるには　松井智子　定価1680円

ありのまま本当のことばかり言えないのが世の常。でも、曖昧さに気づいたり、皮肉を皮肉と受け取ったりするのは、実は高度な言語技能なのだ。

◆相席で黙っていられるか——日中言語行動比較論　井上 優

なんで偉そうな挨拶をするの？　なんで初対面なのに立ち入った質問をするの？　理解に苦しむ言動も見方をちょっと変えればわかりあえる。

定価1680円

◆近代書き言葉はこうしてできた　田中牧郎

明治中期～昭和初期の総合雑誌『太陽』を調べると、現代につながる語彙と語法がこの時代に急速に整えられた様子がわかる。言葉の栄枯盛衰物語。

定価1785円

◆旅するニホンゴ——異言語との出会いが変えたもの　渋谷勝己・簡 月真

「ミーのボーイは……」。移民や植民地支配により異国に持ち込まれた日本語は、現地で変貌を遂げつつも、今なお息づいている。

定価1785円

◆日本語の観察者たち——宣教師からお雇い外国人まで　山東 功

大航海時代に来日した宣教師たちは、「格変化も性も数もない」けれど「豊富で典雅」な日本語に驚いた。外から見えた日本語の姿。

定価1785円

◇じゃっで方言なおもしとか　木部暢子

種子島の「こんにちは」は「きょーわめっかりもーさん」(＝今日はお目にかかりません)。方言には共通語にない発想がたくさんある！

コレモ日本語アルカ？——異人のことばが生まれるとき　金水 敏

漫画の「中国人キャラ」はどうして「ワタシ〇〇アルヨ」と言うのか。横浜居留地と旧満州に、この奇妙な役割語のルーツを探る。

◆既刊　◇次回配本予定

定価は消費税5％込みです。2013年10月現在